불편한 믿음

불편한 믿음

지은이 | 이성조
초판 발행 | 2018. 11. 14
3쇄 발행 | 2018. 12. 12.
등록번호 | 제1988-000080호
등록된 곳 | 서울특별시 용산구 서빙고로65길 38
발행처 | 사단법인 두란노서원
영업부 | 2078-3352　　FAX | 080-749-3705
출판부 | 2078-3331

책값은 뒤표지에 있습니다.
ISBN 978-89-531-3339-6 03230

독자의 의견을 기다립니다.
tpress@duranno.com　　www.duranno.com

두란노서원은 바울 사도가 3차 전도여행 때 에베소에서 성령 받은 제자들을 따로 세워 하나님의 말씀으로 양육하던 장소입니다. 사도행전 19장 8-20절의 정신에 따라 첫째 목회자를 돕는 사역과 평신도를 훈련시키는 사역, 둘째 세계선교(TIM)와 문서선교(단행본·잡지) 사역, 셋째 예수문화 및 경배와 찬양 사역, 그리고 가정·상담 사역 등을 감당하고 있습니다. 1980년 12월 22일에 창립된 두란노서원은 주님 오실 때까지 이 사역들을 계속할 것입니다.

불편한 믿음

uncomfortable

인문학으로 푸는
믿음의 공식

이성조 지음

두란노

/ contents /

추천의 글 6

Prologue 18

1장 믿기만 하면 천국에 간다고?

1시간 일한 사람과 8시간 일한 내가 똑같다고? 27
천국을 만드는 믿음의 공식 40

2장 우리의 믿음 vs. 하나님의 사랑

사랑, 취약성(vulnerability)이 능력이다 50
아무도 가르쳐 주지 않는 독생자의 의미 65

3장 믿는다는 것은 무엇인가?

믿으면 무너진다 80
사랑하는 삶이 영생이다 95

4장 인문학으로 푸는 믿음의 공식

제2의 로마서, 레미제라블 106
인류의 역사를 이끈 기독교의 믿음 127

5장 믿음의 능력을 얻는 방법: 타자(他者) 앞에 서 보기

믿음의 능력은 환난으로 시작된다 156

깨어져야 얻는다, 야이로의 믿음 167

믿음은 확신이 아닌 두려움이다, 베드로의 믿음 177

천국의 주인공, 강도의 믿음 192

6장 세상과 소통하는 믿음의 능력

믿음으로 세상이 바뀔까? 206

진짜 답은 울타리 밖에 있다 216

추천의 글

법학을 전공한 사람으로서, 법은 정의를 실현해야 하는 것이라고만 배웠을 뿐, 법이 사랑과 관계가 있다는 말은 들어 본 적이 없었다. 그러다가 뒤늦게 예수를 믿고 정의만 있고 사랑이 없는 정의는 거칠고, 정의가 없고 사랑만 있는 것도 진정한 사랑이 아닌 것을 배웠다. 사랑은 율법의 완성이라고 하나, 솔직히 이해하기가 힘들었다. 하지만 《불편한 믿음》을 읽으면서 내 안에 불편하게 얽혀 있던 정의와 사랑의 관계가 실타래 풀리듯 풀렸다. 탁월한 책이다.

경수근 / 법무법인 인앤인 대표

요즘 대학생들에게 기독교에 대해 강의한다는 것은 참으로 어려운 일이다. 미국에서 경영대학원(MBA)을 졸업하고, 교육과 신학으로 박사학위를 받은 이성조 교수의 강의는 크리스천뿐 아니라, 비크리스천들도 좋아한다. 그는 기독교 신앙이 일반 학생들의 삶에서 어떤 가치가 있는지를 인문학으로 소통한다. 이성조 교수의 수업은 2017년 대학교육협의회가 주관한 공모전에서 인문 및 사회 분야 우수교과목으로 선정

되기도 했다. 이 시대에 '불편한 믿음'을 가진 모든 이들이 이 책을 통하여 기독교 신앙에 대한 오해를 풀기를 기대하면서 일독을 권한다.

권수영 / 연세대학교 신과대학장 겸 연합신학대학원장

이성조 목사님의 《불편한 믿음》을 읽으며 예수님의 제자인 의심 많은 '도마'가 떠올랐다. 부활하신 예수님의 못자국 난 옆구리를 만져 보고서야 도마의 의심은 한순간에 사라진다. 그가 의심했던 것은 어떤 철학적 신학적 이론이 부족해서가 아니다. 그에게 필요한 것은 가장 선명한 '십자가의 흔적'이었다. 기독교를 불편하게 생각하는 사람들의 공통점이 바로 '의심'이다. 그런데 이 책을 읽는 동안 그 의심이 무너진다. 바로 철학적, 신학적 이론이 치열한 '십자가의 흔적' 앞에서 해체되기 때문이다. 믿음보다 의심이 더 많아지는 세대에 이렇게 건강한 성경 해석과 인문학이 잘 어우러진 책을 만날 수 있어 참 기쁜 마음으로 이 책을 추천한다.

김병삼 / 만나교회 담임목사

사랑의 정의가 사람마다 다른 것처럼 믿음의 정의도 사람마다 다릅니다. 이 책은 온갖 미사여구로 설명하려 했던 '믿음'이라는 단어 앞에 '불편한' 이라는 형용사를 과감하게 배치합니다. 이 책은 당신이 갖고 있는 '믿음'의 오래된 정의를 바꿔 놓을 것입니다. 당신이 지금 두렵다면, 연약하다면, 부끄럽다면, 이제 당신은 이 책으로 '불편한 믿음'을 선택하십시오.

김재원 / KBS 아나운서

위중한 병에 명의가 나온다. 믿음 확신증에 매몰되어 오히려 의심만 키우는 나약한 한국교회 교인들에게 믿음으로 세상과 소통하는 길을 가르치고 믿음으로 세상을 변화시킬 사색의 책이 우리를 찾아왔다. 불편한 믿음으로 한 번쯤 아파하며 불면의 밤을 보낸 이에게 감히 이 책을 권한다. 답이 있다. 참 따뜻한 답이다.

김종철 / 다사랑교회 장로, 패럴스마트폰영화제 사무총장, 숙명여자대학교 멘토교수

학문적으로 신학적인 답을 찾기는 비교적 쉽습니다. 그런데 그 답이 목회 현장에서 실천되기란 어렵습니다. 특별히 믿음의 영역은 더욱 그렇습니다. 많은 책이 무엇이 믿음이고, 왜 그 믿음이 중요한지 What

과 Why까지는 설명합니다. 그런데 힘들고 지친 일상의 삶에서 어떻게 믿음으로 살아야 하는가 하는 How는 찾기 쉽지 않습니다. 《불편한 믿음》에는 신학적인 고민이 담겨 있습니다. 그런데 그 고민은 삶의 현장에서 하나님의 말씀 앞에 서게 하며, 이어지는 인문학과 철학과의 소통을 통해서 해결책을 제시합니다. 그래서 How가 있습니다. 지금! 당장! 믿음으로 천국을 경험하는 방법입니다.

김진두 / 감리교신학대학교 총장

믿음? 흔하게 쓰는 말이지만 믿음을 지켜 나가는 삶이 어떤 것인지 아는 사람은 참 적은 것 같습니다. 로마 시대에 그리스도인이라고 불린 이유는 세상 사람들과는 달리 손해 보고, 돕고, 사랑했기 때문이었다고 합니다. 이 책은 우리의 삶 속에서 믿음을 어떻게 지켜 나가며 살아야 하는지를 알게 해줍니다. 믿음으로 구원에 이르게 하는 그 무한한 주님의 사랑을 좀 더 확실하게 알고 싶다면, 그 사랑 때문에 불편함을 스스로 행함으로써 이 세상을 천국으로 만드는 일에 동참하고 싶다면 이 책을 꼭 읽어 보십시오. 이 책을 다 읽고 덮었을 때 답을 얻고 행동으로 옮기게 될 줄 믿습니다.

문애란 / G&M 글로벌문화재단 대표

이성조 교수님 강의의 과제를 위해 더운 여름 질문지를 들고 이주여성을 만나러 갔습니다. 그런데 제 질문지 속의 우울한 상상은 실제 그분의 삶과 자꾸 엇갈려 나갔습니다. 제가 그분을 제 편견대로 그리고 있다는 것을 깨닫고 부끄러웠습니다. 강의를 통해 정의(justice)를 배웠다면, 책을 통해서는 정의로운 삶에 도전하게 되었습니다. 교수님의 강의는 지성이 삶이 되는 선물입니다.

박진수 / 학생

인간은 그것이 무엇이든 원인과 결과라는 이분법적 정의를 내리려 한다. 정의를 짓고자 하는 최상의 목적은 심적 '안정'이다. 특히 예수 시대 이후부터 기독교 역사는 자신의 정체성을 확립하기 위해 다양한 신학적, 철학적 정의들을 쌓아 왔다. 특히 믿음이란 무엇인가에 대한 정의는 기독교의 본질에서 절대 벗어날 수 없었다. 그러나 다양성을 추구하는 현시대의 모든 신학적 담론으로부터 '믿음'을 정의하기란 여간 쉽지 않다. 오히려 믿음에 대한 정의는 더욱 불편한 것이 되었다. 그러나 '불편한 것' 그 자체가 틀린 것은 아니다. 이 책은 이러한 불편한 믿음에 관한 문제들을 다루며, 진정한 믿음을 찾고자 하는 신앙적인 삶의 여정을 그려 준다. 저자가 말하고 있듯이 그 믿음은 알 수 없는 타자의 얼굴 가운데 형성되는 하나의 과정이며 '알 수 없음'은 그 자체가 불편하지만, 오히려 이러한 불편함이 참 신앙을 찾고자 하는 동력이 된다. 그것이 바로 '불편한 믿음'이다.

방연상 / 연세대학교 신과대 · 연합신학대학원 선교학 교수

이 책은 우리가 오랫동안 들어 왔던 믿음에 관한 오답들을 기독교 변증적으로 풀어내고 있다. '불편한 믿음'이라는 역설적 제목에 걸맞게 이성조 교수는 기독교의 믿음은 결코 비상식적이거나 비지성적이기보다 우리의 지성과 경험을 뛰어넘는 초상식적, 초지성적인 믿음임을 역설한다. 마치 친밀한 대화를 하는 듯한 문체가 매력적인 이 책은 기독교에 대하여 진지한 질문을 던지는 모든 독자들에게 믿음이라는 놀라운 선물을 소개하는 친절한 영적 길잡이가 될 것이다.

신형섭 / 장로교신학대학교 교수

저자는 인간의 본래적 모습인 취약함을 감추지 말고 드러냄이 사랑, 믿음, 구원, 영생으로 가는 은혜의 지름길임을 설파한다. 취약함을 드러내는 능력이 커질수록 절대자인 하나님의 무한한 사랑과 마주하게 된다. 그래서 고통 받는 이 땅의 타자 앞에 그 사랑을 더 간절함으로

흘리는 진정한 믿음을 얻는다. 자신의 부족함을 드러내고 아파하고 회개하는 것은 쉽지 않다. 그러나 그 불편한 믿음으로 진정한 영생의 기쁨을 누릴 수 있다는 설명은 믿음 앞에 자주 흔들리는 내게도 귀한 지침이 될 것 같다.

안희원 / 토기장이의집 집사

저자는 한국교회의 문제는 소통의 문제이고 배타성의 문제라고 진단합니다. 믿음으로 구원받는 것은 맞지만 우리가 참된 믿음이 되지 못하는 것은 타인의 존재를 자기 안으로 받아들이고 타인과 바른 윤리적 관계를 형성하지 못하기 때문이라는 것입니다. 교회 역사가 위기와 새로운 공동체 운동의 연속이라면 이 시대 크리스천이 해야 할 일은 이웃의 고통을 내 고통처럼 여기며 이웃과 함께하는 것입니다. 그것은 큰 도전이지만 기독교가 하나님이 기뻐하시는 참된 공동체가 될 수 있는 길입니다. 이성조 교수의《불편한 믿음》이 십자가와 부활을 통해 보여 주신 하나님 나라의 가치관을 이 시대 길을 찾는 이들에게 가장 설득력 있게 보여 주는 역작이라고 확신하며 추천합니다.

유성준 / 목사, 협성대학교 교수, 한국서번트리더십훈련원 대표

이 책은 깊이를 모르는 바다 위로 예수님의 손을 꼭 붙잡고 한 발 한 발 내딛는 믿음의 삶이 구체적으로 어떤 것인지를 들려줍니다. 이 책을 읽으며 정말 천국을 소망하게 되었습니다. 믿음으로 천국 가는 것이 아니라, 믿음으로 지금 여기서 천국으로 살아 내기를 가슴 떨리게 소망하게 되었습니다. 그래서 삶의 방식까지 바꿔 주는 탁월한 책입니다.

이건오 / 박애병원 원장

예수 그리스도는 사람과 사회를 살리는 "하나님의 능력이요 하나님의 지혜"(고전 1:24)입니다. 그러나 초대교회 때부터 예수 그리스도의 복음은 세상을 불편하게 했습니다. "유대인에게는 거리끼는 것이요 이방인에게는 미련한 것이로되"(고전 1:23). 오늘날 많은 종교인들과 지식인들에게 '예수천당 불신지옥'이라는 외침은 불편을 넘어 분노를 일으킵니다. 이 책의 목적은 이렇게 복음을 불편하게 여기는 이들에게 복음의 본질이 무엇인지 보여 주는 것입니다. 성령의 감동하심으로 이 책을 읽는 독자들이 살아 계신 예수 그리스도를 만나게 되기를 소망합니다.

이성민 / 감리교신학대학교 교수

"어떻게 믿기만 하면 천국에 가나요?"라고 질문하는 분들이 있습니다. 이 책은 믿음의 본질에 대해 따져 묻는 기독 지성인들에게 명쾌한 답을 제시하고 있습니다. 믿음과 영생이 무슨 상관이 있는지, 또 세상의 법칙을 거슬러 믿음으로 산다는 게 무엇인지 지적인 언어로 이해하기 쉽게 들려주고 있습니다. 믿음으로 굳건히 서고자 하는 분들에게 강력 추천합니다.

이재훈 / 온누리교회 담임목사

교회에서 하는 섬김은 무엇일까? 산마루교회는 10여 년간 노숙자를 섬기고 있다. 그 섬김을 통해 주의 참 뜻을 깨달아 왔다. 교회에서의 참된 섬김은 사회봉사활동의 선행과는 다른 차원이다. 그렇다면 신앙인은 구원을 받고자 자신의 선을 쌓는 것일까? 선행은 사람의 믿음의 정도를 나타내는 기준이 되는 것일까? 교회가 세상으로부터 선하다는 말을 들어야 하기에 행하는 것일까? 아니면 교회의 사회적 책무인가? 행함이 아니라 믿음으로 구원을 얻는 것인데 왜 섬김의 선행이 필요할까? 불편한 믿음! 이 책에 그 답이 있다.

이주연 / 산마루교회 담임목사

교회가 세상과 바리케이드를 치고 울타리를 넘지 못하는 안타까운 현실입니다. 믿음이 왜 세상과 불통(不通)하고 어떻게 해야 믿음으로 세상을 바꿀 수 있는지 목회자와 교수로서 오랜 동안의 고민의 흔적이 엿보이는 책입니다. '마을이 교회되고, 교회가 마을'되는 예수마을교회의 비전이 더욱 확실해졌습니다. 또 한국교회가 내일을 향해 품고 가야 할 비전과 사명도 분명해졌습니다. 이 책이 기독교의 믿음이 세상과 소통할 수 있는 놀라운 능력이 있음을 인문학적 관점에서 해법을 제시하고 있기 때문입니다. 그런데 그 해법이 신학과 철학을 뛰어넘은 십자가에서 나왔기에, 누구라도 쉽고 재미있게 읽으며 답을 찾을 수 있습니다.

장학일 / 예수마을교회 담임목사

한국교회의 위기는 스스로 하나님의 자녀라고 하는 이들의 믿음에 대한 확신에서 시작되었다고 생각한다. 이는 하나님께서 영생의 길을 선물로 알려 주신 믿음이라는 생명 법칙을 인간의 세상 법칙과 계산법으로 왜곡함으로써 빚어진 일이다. 저자는 포도원의 비유에서 어떻게 이러한 계산법이 하나님의 무한한 생명의 법칙 앞에 무너지게 되는지를, 그리고 그렇게 무너져야만 진정한 믿음으로 향할 수 있음을 설득한다.

이 책을 다 읽을 즈음, 나는 없어지고 그 자리에 하나님, 즉 절대 신이 가득 채워지는 참 믿음의 선물을 얻게 될 것이다.

최서형 /《한국교회에 한방을 먹이다》 저자, 위담한방병원 이사장

기독교의 믿음을 인문학과 사랑이란 관점으로 풀어내 비기독인들과도 소통할 수 있는 책이 나와 매우 반갑습니다. 진짜 믿음은 지성이라는 그 안정적인 틀을 무너뜨려서, 지금껏 자기에게만 향하던 시선을 타인에게 돌려 하나님의 무한한 사랑을 흘려 줍니다. 이렇게 믿음이 우리의 편안함을 깰 때, 세상이 불편해하던 믿음이 세상을 변화시키는 능력이 될 수 있음을 저자는 명확히 제시합니다. 기독교가 전혀 매력적이지 않은 요즘 젊은이들에게 기독교의 진리에 다시 마음 문을 열게 하는 귀한 책을 알게 되어 기쁨으로 추천합니다.

황준성 / 숭실대학교 총장

Prologue

목사 아들이란 것이 너무 싫었다!

아버지를 사랑하고 존경했다. 그러나 많은 사람들의 눈을 의식해야 하는 삶은 너무 불편했다.

아버지가 목사라는 이유만으로 나는 믿음이 좋은 사람이 되어야만 했다. 주일예배를 빠지지 않고, 어른들에게 인사를 잘하고, 성가대 봉사를 열심히 하자, 다행히 나는 믿음 좋은 아이가 되어 있었다. 주일날 나는 교회 앞 오락실을 가지 않는다. 대신 버스로 세 정거장이나 떨어진 다른 오락실에 가서 게임을 즐겼다. 그런데 그 오락실 주인이 우리 교회 집사님일 줄이야! 아니 오락실은 주일성수도 안 하나! 교회에 소문이 돌았고, 그렇게 나의 믿음의 허울은 보기 좋게 깨졌다.

중학교 때 그 흔한 수련회에서 은혜라는 것을 받았고, 나는 믿음이라는 연기 생활을 조금씩 내려놓을 수 있었다. 하지만 사람들은 칭찬으로 때로는 타이름으로 끊임없이 나에게 믿음을 요구했다. "목사 아들인데 믿음이 없네! 그래서 믿음이 좋구나!" 답답했다. 도대체 이 믿음이란 게 뭘까? 당시 김우중 씨의 책 《세계는 넓고 할 일은 많다》를 읽고, 교회를 벗어나 넓은 세상으로 뛰쳐나

가고 싶었다. 그래서 비즈니스맨을 꿈꾸며 경영학과에 지원했다. 결과는 보기 좋게 낙방! 교회 안에서 내가 신학교에 가지 않아서 떨어졌다는 이야기가 돌았다. 신학생인 교회 선배도 신학교에 가는 것이 하나님의 뜻일 수 있다고 조언했다. 하나님의 뜻? 참 쉽다. 자괴감이 들었다.

내가 목사가 되느니, 차라리!

목숨을 걸 각오로 한 달 열심히 공부해서 후기대학 경영학과에 보란 듯이 입학했다. 그리고 4년 뒤, 나는 당시 잘 알려지지도 않던 펀드매니저라는 꿈을 안고 경영학석사(MBA)를 공부하기 위해 미국으로 갔다. 사실, 도망간 것이다. 자유로웠고, 공부도 너무 재미있었다. MBA 마지막 학기, 졸업 후의 진로를 놓고 새벽기도를 하는데, 하나님은 전혀 다른 답을 주셨다. '청년에 대한 마음'이었다. 당황스러웠고 참 불편했다. 지금까지 완벽히 잘 진행되어 왔는데! 버텼다. 그런데 오래가지 못했다. 그래서 나름 타협이란 것을 했다. "공부만 해 볼게요."

나는 공부를 싫어하는 사람이었다. 특히 신학과 철학? 사는 데 뭔 도움이 된다고! 미국에서 M. Div.(목회학석사)를 빨리 마치고, 원래 가던 길로 가는 거다. 그런데 신학대학원 2학년 끝 무렵에 어떤 사건을 계기로 박사를 지원하게 되었고, 신학뿐 아니라 필요에 의해 교육학과 철학도 공부해야만 했다. 전혀 뜻하지 않은 길이었고, 자연스럽게 목사 안수 과정까지 밟게 되었다.

개척해 볼래!

목사가 돼도 내 계획은 학위를 끝내고 교수가 되는 것이었다. 그런데 미국을 방문하신 아버지가 한마디 했다. "정말 믿음으로 신앙인들을 이끄는 목회자가 되려면, 훤히 보이는 안정적인 길로 가서는 믿음을 배울 수 없어!" 미국감리교(UMC)를 나와서 한국감리교(KMC)에서 개척을 하라고 권면하셨다. 그 말이 참 불편했다. 그래서 또 버텼다. 결국 무너져 버렸다. 개척을 했다. 아무도 없이. 그것은 마치 깊이를 모르는 바다를 걷는 것과 같았다. 혹은 언제 깨질지 모르는 살얼음판을 걷는 것이랄까? 하지만, 그래서 너무나도 사실적으로 다가오는 것이 있었다. 그렇게도 궁금해하던 바로 그 '믿는다는 것'이다.

학문적으로는 실천신학과 교육철학 분야에서 가장 권위자로 인정받는 교수 밑에서 공부했다. 그리고 가장 진보적인 학교(Boston University)에서 겸임교수로 학생들을 가르쳤다. 그런데 목회 현장은 그야말로 광야였다. 그러나 그 광야에서 경험한 하나님의 지혜는 적어도 내가 배운 가장 심오한 신학자나 철학자의 지식보다 뛰어났다. 그곳에서 조금 맛본 십자가의 사랑은 어떤 진보주의자들의 주장보다 훨씬 더 급진적이었다.

"이 성전을 헐라 내가 사흘 안에 일으키리라!"

그 어떤 진보주의자가 현재의 견고한 질서를 사흘 안에 무너뜨릴 수 있을까? 설령 무너뜨린다 해도 사흘 안에 새로운 질서를 세울 수 있을까? 다시 세워야 진짜 진보주의자다. 말로 말고 몸으로 말이다. 십자가에서 물과 피를 다 쏟아 내면서 말이다. 그래서 나는 어떤 사상가나 철학자들보다 참 존경하는 분들이 있다. 보스턴 그 살얼음판에서 무릎으로 버티며 지금도 사역하고 있는 모든 목회자 분들이다.

세상에서 불편하게 된 믿음

예정보다 아주 늦게 아버지 집으로 돌아왔다. 집 나간 탕자처럼 집 밖 세상에서, 광야에서 귀한 진주를 아주 조금씩 발견한 것이다. 믿음 말이다. 이곳 한국에서도 믿음으로 산다는 것은 여전히 힘들었다. 그런데 믿음에 대해서 좀 더 불편해진 것이 있다. 집 나가기 전에는, 그래도 아버지 교회에서만 믿음이 불편했는데, 이제 온 세상에 그 믿음이 불편한 것이 되어 있었다.

요즘 주변에 '기독교의 믿음' 때문에 불편해하는 신앙인과 지성인, 그리고 젊은이들이 많다. 내가 얻은 그 작은 진주를 그들과 나누면 어떨까? 세상에서 배운 학문에다 광야에서 경험한 복음을 관통하여, 세상에 소통될 수 있는, 그래서 세상을 변화시킬 수 있는 믿음 말이다.

바로 '불편한 믿음'이다.

진짜 믿음은 우리의 편안함을 깬다. 지성이라는 그 안정적인 틀도 무너뜨린다. 그래서 세상이 불편해하는 믿음이 세상을 변화시키는 능력이 된다.

책에서는 '믿음의 공식'을 소개했지만, 사실 믿음에 공식이 어디 있으며 정답이 어디 있겠는가? 아주 작은 복음의 이야기일 뿐이다. 하지만 아무리 작더라도 복음이 세상과 소통될 때 오병이어처럼 세상을 변화시킬 수 있는 능력은 분명히 있다. 이 작은 믿음의 이야기가 세상에서 '믿음'으로 인해 불편했던 많은 이들에게 작은 도전과 위로가 되기를 간절히 소망할 뿐이다.

끝으로, 첫 독자가 되어 《불편한 믿음》이 태어나도록 도와주신 김영미 영락교회 집사님, 책의 얼굴을 만들어 주신 이진영 작가님, 그리고 수고하신 두란노 모든 분에게 진심으로 감사드린다.

2018년 11월

이성조

/ uncomfortable /

1장

믿기만 하면 천국에 간다고?

> 1시간 일한 사람과
> 8시간 일한 내가
>
> 똑같다고?

새 학기가 시작되어 첫 수업에 들어갔다. 기독교를 대학생들에게 소개하는 수업은 언제나 힘이 든다. 그래도 첫 수업에 나름대로 만족하고 있는데 한 학생이 손을 들었다.

"교수님, 질문이 있는데요? 어떻게 믿기만 하면 천국에 가나요?"

반응이 없던 학생들의 얼굴에서 갑자기 생기가 돈다. 순간, 어떻게 설명해야 할지 그림이 그려지지 않았다. "알고 싶어? 그러면 앞으로 수업을 잘 들어 봐"라며 얼버무렸다. 그리고 3주 후 나는 그 학생이 하려던 진짜 질문을 개인적으로 들을 수 있었다.

학생의 아버지의 형님, 그러니까 큰아버지께서 학생의 아버지 재산을 조금씩 가로채 왔고, 결국 그것 때문에 아버지가 스트레스를 받아 암으로 돌아가셨다는 것이다. 그런데 큰아버지는 아버지에게 가로챈 돈으로 헌금을 많이 하셨는지 교회에서 인정을 받아 장로까지 되었다고 했다. 살아 계실 때 큰아버지가 다니는 교회의 교인들이 종종 아버지를 찾아와서 장로인 형님 체면을 봐서라도 이제 교회에 다녀야 하지 않겠냐고 권면했단다. 그리고 장례식 때 큰아버지 교회 사람이 이렇게 말했다고 한다.

"큰아버지처럼 예수님을 믿었으면 천국에 갔을 텐데."

예수천당 불신지옥?

가끔 전철이나 길거리에서 '예수천당 불신지옥'을 외치는 사람들과 마주친다. 그 용기에 박수를 보내고 싶지만, 꼭 저렇게까지 해야 하는지 불편한 마음이 든다. 전철에서 한 분이 교회 다니지 않는다는 사람에게 '예수천당 불신지옥'이라고 소리 지르며 삿대질을 했다. 그 말을 듣는 사람은 매우 언짢은 표정을 짓고 있었다. 하지만 정작 그 광경을 목격한 나는 속에서 끓어오르는 화를 참을 수 없었다. 물론 '예수천당 불신지옥' 그 자체를 부정해서가 아니다. 나 역시 예수님을 통해서 천국을 경험하기를 간절히 사모한다. 또 예수님을 제대로 믿지 않아 심판받지 않을까 하는 두려움도 있다. 문제는 그 말이 소통되는 방식이다. "당신 예수 안 믿으면 지옥 가!" 협박 아닌 협박 아닌가?

그 사람들이 외치는 '천당' 역시 매우 거슬린다. 그리고 그들이 말하는 '믿음의 행위'가 무엇을 의미하는지도 참 궁금하다. 예수님도 "나더러 주여 주여 하는 자마다 다 천국에 들어갈 것이 아니요 다만 하늘에 계신 내 아버지의 뜻대로 행하는 자라야 들어가리라"(마 7:21)고 말씀하시지 않았는가? 이 말씀은 물론 우리의 선행으로 천국에 간다는 의미는 아니다. 그렇다고 "나 예수님 믿으니까 천국에 갈 거야!" 혹은 "나는 예수님이 내 죄를 십자가에서 용서해 주셨다는 것을 믿어. 그래서 천국에 갈 거야!" 하는 교리적이고 지식적인 믿음으로 천국에 간다는 것이 아님을 우리는 안다. 적지 않은 기독 지성인들은 평생 선하게 산 사람이 예수님을 믿지 않는다는 이유 하나만으로 지옥에 가야 된다는 것에 불편해한다. 반대로 한평생 나쁜 일만 하다 죽기 직전에 예수님을 믿어서 천국에 간다면 솔직히 좀 화가 나지 않는가? 이것이 정의로운 구원인가? 아니, 상식적인가? 그래서 많은 지성인들은 기독교를 비상식적이고 배타적인 종교라고 단정해 버린다.

　기독교가 배타적이라는 이러한 단정은 위험할 수 있다. 이 비상식적인 기독교가 인류의 역사를 변화시킨 가장 큰 동력이 되었으니 말이다. 근대 서양의 문명과 철학을 이끈 것은 기독교 사상이다. 만유인력의 법칙을 주장한 뉴턴, 가장 위대한 철학자로 칭송받는 임마누엘 칸트 역시 기독교 사상을 그들의 학문적 기반으로 두었다. 미국의 역사를 시작한 것도 청교도들의 신앙이었다. 멀리 갈 필요도 없이 대한민국 땅에서 몇 천 년 동안 지속되어 오던 신분 세습의 악폐를 무너뜨리고 주인, 종, 남자, 여자 구분 없이 인간 대접을 받고 교육 받도록 변화시킨 것도 기독교의 영향이다.

　사람들은 바보가 아니다. 비상식적이고 비윤리적인 방법으로 자기 기득권만 챙기려는 사이비 종교나 이단은 결코 인간 사회에서 오래 버틸 수가 없다. 물론 기독교 역시 역사 속에서 타락과 쇠퇴를 경험했다. 지금 한국 사회 안에서 기독교는 한없이 추락하는 중이다. 그럼에도 불구하고 기독교는 지난 2천 년 동안 인류의 지성과 민주 사회를 발전시킨 핵심적인 원동력이었다는 사실은 부인할 수 없다. 다시 말해, 행위가 아니라 믿음으로 구원을 얻는다는 기독교의 핵심 교리가 배타적이고 비상식적이라고 간단하게 치부할 수는 없다는 것이다. 어떻게 이러한 비상식적인 믿음이 지난 2천 년의 역사에서 헤아릴 수 없이 많은 지성인들로 하여금 기독교에 목숨을 걸고 투신하게 했겠는가? 도대체 어떤 방식으로 세상과 소통해서 이 비상식적인 믿음이 2천 년 동안 인류의 역사를 진보시켰냐는 것이다.

믿음이 불편한 이유

물론 기독교가 인류의 가치를 한없이 쇠퇴시킨 적도 있다. 이것 역시 기독교의 믿음과 관련이 있다. 기독교의 믿음을 '인간의 확신'의 범주에 놓고 인간이 편리하게 사용했을 때다. 교황이 자기의 교권을 강화하기 위해 이교도들과 십자군 전쟁을 벌였을 때 교황이 애용한 것이 바로 이 간단한 '믿음'이다. 불신자들을 그리스도의 땅에서 축출하는 이 영적 싸움에 참여하여 목숨을 잃으면 죄 사함을 받고 완전한 구원을 얻는다고 한 것이다. 나중에는 전쟁에 참여만 해도 모든 죄가 용서 받고 구원을 얻는다며, 영원한 보상을 위해 일하라고 했다. 사람들은 교황의 이 같은 말을 믿고 무자비하게 이교도들을 죽였다. 천국에 가기 위해서다.

교황은 십자군 전쟁 이후에 훨씬 쉽게 '믿음'이라는 것을 이용하여 이득을 챙겼다. 그것은 바로 돈을 주고 면죄부를 사는 사람에게 천국이 보장된다는 '믿음'이었다. 즉 믿음이란 나에게 천국을 보장하는 '확신' 그 이상도 이하도 아니었던 것이다. 이 믿음의 확신은 돈을 주는, 전쟁에 참여하는, 주일에 교회에 가는 행위로써 얻게 된다. 이러한 편리한 혹은 값싼 '믿음의 확신'이 기독교를 부패시킨 주범이었다.

교황이 부여하는 이 값싼 '믿음'에 대항해 루터는 교회나 교황이 인간의 죄를 면하거나 구원할 수 없으며, 오로지 하나님의 은혜로 가능하다고 주장했다. 우리의 값싼 행위로 인해서 보장되는 믿음이 아닌, 우리의 죄를 대속하신 예수 그리스도를 믿음으로 구원을 얻는다고 한 것이다. 인간의 행위가 아닌, 오직 믿음이라는 교리로 개신교는 태동했고, 다시 한 번 기독교는 인류 역사를 주도한다.

이제 루터가 종교개혁, 아니 '믿음'에 대한 개혁을 한 지 500년이 지났다. 기독교는 다시 한없이 추락하고 있다. 혹시 그 이유가 500년 전처럼, '믿음'이 천국을 보장하는 우리의 '확신'으로 변질되어서가 아닐까? 달라진 것이 있다면, 그 확신을 얻기 위해서 전쟁에 참여하거나 돈을 주지 않아도 된다는 것이다. 이것은 더 쉽다. 그냥 교리로 믿으면 된다.

이제 처음 질문으로 돌아가자. 평생을 선하게 살아왔는데 예수님을 믿지 않으면 천국에 갈 수 없는가? 그렇다. 그러면 한평생 나쁜 일만 하다 죽기 직전에 예수님을 믿으면 영생을 얻을 수 있는가? 그렇다. 우리가 잘 아는 예수님 옆에서 십자가에 못 박힌 강도도 그렇게 낙원에 있다. 하지만 예수님을 믿는다는 것, 그래서 얻는 영생은 아마 당신이 교리적으로 알아 온 사실과는 거리가 있을 수 있다. 이 책을 읽으면서 그 거리를 좁히다 보면 그 믿음이 세상에서 우리가 습득한 그 어떤 지식보다 뛰어난 하나님의 지혜라는 것을 알게 될 것이다. 물론, 그 믿음은 계속 우리를 불편하게 만든다. 하지만 비상식적이거나 비지성적이어서 불편한 것은 아니다. 우리의 지성이라는 그 안정적인 틀을 깨기 때문이다.

천국을 가지 말고 살라

예수님의 관심은 단 하나, 천국에 가는 것이 아닌 천국이 임하는 것이다. 그래서 예수님은 제자들이 기도를 가르쳐 달라고 했을 때 "나라가 임하옵시며"라고 기도하셨다. 이것은 하늘 아버지의 이름이 이 땅에서도 거룩히 여김을 받는 것이다.

예수님을 믿으면 우리의 관심은 죽어서 가는 천국만이 될 수 없다. 어떻게 하나님의 나라를 이 땅에 임하게 할까? 바로 이것이 믿음의 관심이다. 그래서 예수님은 "나를 믿으라"고 외치는 대신에 "천국이 가까이 왔으니 회개하라"고 선포하셨다. 심지어 예수님은 "하나님의 나라는 너희 안에 있다"(눅 17:21)고 선포하셨다. 예수님의 사역으로 그 천국을 경험하고 있기 때문이다. 그러니 그 천국을 살라는 것이다.

'천국을 사는 것' 이것이 진짜 회개다. 물론 우리가 죽으면 천국에 가겠지만, 그 죽어서 가는 천국과 내가 살아서 이 땅에서 살아 내는 천국은 본질적으로 다르지 않다.

천국 즉 하나님의 나라란, 땅이나 공간을 말하는 것이 아니다. 통치와 '다스림'을 말한다. 하나님의 사랑과 은혜로 지배되고 다스려지는 모든 곳이 하나님의 나라인 것이다. 예수님을 정말 믿는 사람들은 죽어서 빨리 천국 가야지 하고 생각하지 않는다. 어떻게 하면 우리의 가정과 사회에 하나님의 나라를 오게 할까, 오직 이 생각이 그의 마음을 사로잡는다.

천국은 포도원으로 들어가는 것이다

그러면 어떻게 하나님의 나라, 즉 천국을 이 땅에 임하게 할 수 있을까? 그 비법이 소개되는 곳이 있다. 마태복음 20장에 나오는 포도원 주인의 이야기다. 이 이야기는 이렇게 시작된다.

> 천국은 마치 품꾼을 얻어 포도원에 들여보내려고 이른 아침에 나간 집 주인과 같으니 마 20:1

천국이 집주인과 같다고 한다. 정확히 말하면 집주인의 마음이다. 우리가 이 마음만 있다면 가정에서도, 학교에서도 정말 천국을 만들어 갈 수 있다는 것이다. 중요한 것은 집주인 마음에 있는 관심이다.

이스라엘은 포도를 수확하는 시기가 되면 많은 일꾼이 필요하다. 그래서 주인은 이른 아침 인력시장에 나간다. 좋은 품꾼들을 사들이기 위해서다. 그런데 이 주인은 아침 7시뿐 아니라, 9시, 11시, 오후 1시, 3시 심지어 오후 5시에도 인력시장에 나간다. 그때까지도 일감을 구하지 못한 품꾼들에게 내 포도원에 와서 일하라고 초청을 한다. 오후 5시에 포도원으로 가면 사실 일할 시간은 30분도 되지 않는다. 다른 포도원 주인들의 관심은 건장한 품꾼을 싼값에 사서 최대한 많은 열매를 거두어들이는 것이다. 그런데 이 주인의 관심은 도리어 장터에서 일감을 찾지 못해 놀고 있는 품꾼들에 있다. 그들이 자꾸 마음에 밟힌다. 여기서 말하는 품꾼들이란 기술도 없고 배우지도 못해 제대로 된 직장이 없는 사람들을 말한다. 그러나 그들도 삶이 있고 먹여 살려야 할 가족이 있다. 그런데 아무도 나를 귀중하게 생각해 주지 않는다. 집주인은 그런 품꾼을 선택해 주는 것이다.

주목해 보아야 할 것은 집주인이 약속한 금액이다. 바로 '한 데나리온'이다. 이 액수는 기술과 경쟁력이 있는 정규직 노동자들이 받는 하루의 임금이다. 품꾼이 받을 수 있는 돈은 아니라는 것이다. 가치와 자격이 있다고 사회에서 인정받는 노동자들이 사회에서 인간다운 삶을 누리는 데 필요한 최소한의 돈이 한 데나리온에 담겨 있는 사회적 합의다. 그러므로 한 데나리온은 삶이요, 생명이다. 품꾼들은 이 한 데나리온을 상상할 수 없다. 그런데 이 은혜로운 주인은 한 데나리온을 약속해 준다. 당신도 한 데나리온을, 한 생명을 누릴 가치가 있다고 인정해 준 것이다.

이 품꾼들이 어떻게 일했을까? 포도를 수확하는 일은 분명 힘든 노동이지만, 즐겁게 일했을 것이다. 마음에 기쁨이 가득했을 것이다. 마음에 천국이 임한 것이다. 자격 없는 나에게 한 데나리온을 거의 거저 주었다는 은혜의 마음이 가득하기 때문이다. 이들이 열심히 일하고 있을 때 주인은 또 장터에 나가서 품꾼들을 데리고 온다. 여기서 주인의 관심 즉 천국의 관심이 드러난다. 남보다 연약하고 부족해서 선택 받지 못하는 사람들이다. 그래서 9시보다는 11시까지 남은 사람이, 11시보다는 1시까지 남은 사람들에게 더 관심이 간다. 더 부족하고, 더 연약하기 때문이다. 그러니 오후 5시라도 남겨진 자들을 찾아서 포도원으로 들여보낼 수밖에 없는 것이다.

오후 5시에 들어온 품꾼들의 심정은 어떨까? 그들에게는 주인이 얼마를 주겠다고 약속하지 않는다. 사실 돈 받는 것보다 그냥 누군가가 나를 써준다는 것이, 누군가에게 필요한 존재가 되어 일하게 되었다는 것이, 그래서 포도 한 송이라도 들고 집에 들어갈 수 있다는 것만으로도 충분히 감사했을 것이다.

놀라운 은혜

드디어 6시 종이 쳤다. 임금 받을 시간이 된 것이다. 누가 먼저 임금을 받았을까? 가장 나중 온 사람이다. 왜 그들부터 돈을 주었을까? 그들에게 더 관심이 있기 때문이 아닐까? 그런데 한 데나리온을 받았다. 우리는 이것을 'amazing grace'(놀라운 은혜)라고 말한다. 1시간도 제대로 일하지 않았다. 자격도 없을뿐더러, 사실 무엇을 받는다는 것 자체가 민망할 따름이다. 그런데 한 데나리온을 받았다. 하루지만 드디어 쓸모 있는 가장이 된 것이다. 이 사람은 그렇게 받은 한 데나리온으로, 감당할 수 없는 은혜로 오늘 저녁 집에 돌아가서 자신의 가정을 천국으로 만들었을 것이다.

이제 3시에 온 사람들이 받을 차례다. 3시, 1시, 11시, 9시에 온 사람들은 지금 열심히 하고 있는 것이 있다. 바로 계산이다. 5시에 온 사람이 1시간도 제대로 일하지 않고 한 데나리온을 받았다. 그럼 세 시간, 다섯 시간, 여덟 시간 일한 그들에게는 얼마를 줄까? 이런 계산식일 것이다.

1:1=3:?
1:1=5:?
1:1=8:?

비교와 계산을 하려면 중심이 되는 기준점이 있어야 한다. 여기서 그 기준이 되는 것이 왼쪽에 있는 약속한 한 데나리온일까? 아니면 내가 일한 시간일까? 비교하고 계산을 하다 보면 점점 더 집중되고, 내 마음에 크게 다가오는 것이 있다. 바로 내가 한 일이다. 5시에 온 사람은 1시간만 일했는데, 자기는 8시간 동안 일했다. 그냥 일한 것도 아니다. 햇볕이 내리쬐는 데서 온종일 견디었다. 자기의 수고가 갑자기 커 보이기 시작하고, 거기에 대한 보상과 대가가 있어야 한다고 생각한다. 그래야 정의로운 것 아닌가?

천국이 지옥으로 바뀌다

이 포도원 이야기 전체에서 기준이 되는 것이 있다. 바로 한 데나리온이다. 사실 그것조차 감당할 수 없는 은혜다. 그 은혜가 기준이 될 때 품꾼들은 포도원에서 일했지만, 천국의 기쁨을 누렸다. 사실 11시, 1시, 3시에 온 품꾼들은 한 데나리온을 받을 것으로 기대조차 하지 않았다. 만약 11시나 1시, 3시든 먼저 온 사람들부터 한 데나리온씩을 주었다면 오늘 정말 '대박'이라고 기뻐 뛰며 좋아했을 것이다.

그런데 그 은혜 가득한 한 데나리온이 갑자기 불평과 원망의 대상이 되었다. 품꾼들은 그 이유를 정확히 이렇게 표현한다.

> 나중 온 이 사람들은 한 시간밖에 일하지 아니하였거늘 그들을 종일 수고하며 더위를 견딘 우리와 같게 하였나이다 마 20:12

왜 더 일한 만큼 보상을 하지 않느냐는 것이다. 왜 차이를 두지 않느냐는 것이다. 3시에 온 사람은 자신이 세 시간 일했다고 데나리온 3개를 기대하지는 않았을 것이다. 하지만 적어도 5시에 온 사람보다는 많이 받아야 한다고 생각했을 것이다. 1시에 온 품꾼도 3시에 온 사람보다는 많이 받을 것으로 기대했을 것이다. 기준이 바뀐 것이다. 받은 한 데나리온이 기준이었을 때는 택함 받은 것만 해도, 쓰임 받는 것만 해도, 일한다는 것만으로도 감사했다. 기준이 내가 경험한 놀라운 은혜(amazing grace)이기 때문이다. 그러나 비교하고 계산하다 보니 기준점이 점점 내가 한 수고와 노력으로 바뀐다. 이제 그들의 마음은 더 이상 은혜가 지배하지 않는다. 대신 복잡한 계산과 수식만 있을 뿐이다. 그리고 그 계산대로 보상되지 않았을 때 천국이 곧바로 지옥으로 변한다.

은혜의 법이 지배할 때는 천국으로 살았다. 그런데 지금은 공정한 대가와 상응하는 보상을 요구한다. 이것을 나는 '매매의 법'이라고 한다. 보기에는 공평한 것 같다. 그래서 이 땅은 시장뿐만 아니라 기업, 사회, 심지어 가정에서까지 매매의 법이 지배한다. 철저하게 주고받는(give and take) 것이다. 그런데 바로 이 매매의 법 때문에 이 땅은 지옥이 된다. 주고받을 때 공정한 매매를 위해서 비교와 계산을 해야 한다.

무엇이 그 매매의 기준이 될까? 내가 받은 것일까? 내가 준 것일까? 우리는 언제나 내가 수고하고, 견디고, 일한 것이 더 크게 느껴진다. 내 떡보다 남의 떡이 더 커 보이는 이유다. 당연히 나의 것을 더 요구한다. 나의 노력과 수고에 대한 정당한 대가가 지급되지 않으면, 절대 참을 수 없는 것이 우리 인간이다. 그래서 개인 간의 갈등이 일어나고, 국가 간에도 전쟁이 발발한다. 심지어 부부간에도 부모 형제간에도 이 매매의 법을 사용하는 순간 서로가 서로를 지옥으로 만들어 버린다.

어떻게 나중 된 자가 먼저 될 수 있는가?

만약 품꾼들이 한 데나리온 받은 은혜에 집중했다면, 행복한 아버지가 되어서 빵과 풍성한 먹을거리를 사 가지고 가서 가정을 진정한 천국으로 만들었을 것이다. 그런데 이들은 집에 가지 않는다. 나의 노동에 상응하는 데나리온을 더 달라고 떼를 쓰고 급기야는 주인에게 데모까지 한다. 참고 있던 주인이 "이제 네가 받은 것이나 가지고 가라"고 면박을 준다. 아마 그들은 원망과 울분으로 집에 가는 길에 술로 화를 풀면서 받은 한 데나리온마저 탕진했을지도 모른다.

주인이 품꾼들에게 내리는 판결은 명확하다.

"이 사람들에게 너와 같이 주는 것이 내 뜻이라."

모든 사람에게 한 데나리온을 주는 것, 그래서 모든 사람이 받은 그 한 생명을 누리게 되는 것, 그것이 주인의 뜻이다. 나중에 온 사람보다 처음 온 사람에게 더 많은 보상을 하는 것은 우리의 정의다. 그러나 모든 사람에게 한 데나리온을 주는 것은 하나님 나라의 정의다. 바로 천국은 주인의 마음 같기 때문이다. 주인의 마음은 더 연약할수록, 부족할수록, 허물이 더 할수록 더 많은 것을 내어 주고 싶기 때문이다.

그래서 예수님은 "천국은 이와 같다"고 하신다. "나중 온 사람과 처음 온 사람이 같다"라는 것이다. 아니 먼저 된 자가 나중 되고 나중 된 자가 먼저 될 수도 있다.

천국을
만드는

믿음의 공식

천국의 공식이 불편한 이유

나는 이렇게 불편한 천국의 공식을 다음과 같은 수식으로 설명한다.

$$\lim_{n\to\infty} \frac{n-1}{n^2} = 0$$

공식 앞에 붙은 lim은 limit의 약자로 극한값을 표현할 때 쓰는 기호다. n을 1부터 9까지 위의 수식에 대입해 보자. 수식의 값은 0/1, 1/4, 2/9, 3/16, 4/25, 5/36, 6/49, 7/64, 8/81과 같이 되고, 이를 숫자로 하면 0.25, 0.222, 0.187, 0.16, 0.138, 0.122, 0.109, 0.098이 된다. n이 무한대로(n→∞) 가면 결국 0인 것이다. 분자(n-1)의 수도 늘어나겠지만, 분모(n^2)의 숫자는 더욱 기하급수적으로 늘어나기 때문이다.

n-1은 매매의 법이요, 세상의 정의다. 우리는 사실 n이 무한대로 커지기를 바란다. 1시간 일한 사람보다 3시간, 5시간, 7시간 더 많이 일해서 2, 4, 6 그 이상의 차이를 얻기 원한다. 그래서 남들보다 더 열심히 노력하고 일하고, 공부한다. 그리고 그 대가로 남들보다 더 많은 부와 명예와 성공을 얻는다. 그렇게 차이가 나는 만큼 우리는 안도의 한숨을 쉬며 안정(security)을 누린다. 물론 그러한 차등을 보장하는 사회가 되어야 정의로운 사회일 것이다. 기독교는 결코 이렇게 노력으로 얻어진 축복을 부인하지는 않는다.

그런데 문제는 우리가 n-1의 차등을 어느새 당연시하고, 나아가 계속 유지되어야 한다고 믿는다는 것이다. 그러면 사회는 자연히 더 많이 쌓고 성공한 사람이 더 쉽게 n-1의 값을 증가시키는 기득권의 사회가 되고 만다. 그 결과 사람들은 '수저론'이라는 벽에 부딪치게 된다. 나중에는 아무리 노력해도 그 차등을 극복할 수 없게 되는 것이다. 정규직에서 비정규직으로 그리고 아르바이트생으로, 그러다가 일용직 품꾼으로 전락한다.

그래서 n-1이 증가할수록 더욱더 넘쳐 나는 것이 있다. n-1이라는 세상의 정의에 의해서 가난하게 되고, 연약하게 되고, 쓸모없게 되는 품꾼을 향한 하나님의 사랑이다. 그리고 그 사랑은 더 가난할수록, 더 부족할수록 더 기하급수적으로 무한하게 증가한다. n^2은 천국을 만드는 하나님의 마음, 아버지의 사랑이다.

n-1: 매매의 법, 세상(각 사람)의 정의, 인간의 유한성
n^2: 천국을 만드는 하나님의 마음, 아버지의 사랑, 하나님의 무한성

은혜가 불편해질 때

이 세상에서 주인이 품꾼들을 불러 모은 포도원은 어디일까? 첫 번째가 교회다. 그리고 교회가 진짜 포도원이 되면, 즉 천국의 법칙으로 다스려지면, 그 포도원 주변의 장터, 즉 사회도 천국으로 변화되기 시작한다. 그럼 포도원에 들어온 품꾼들은 누구일까? 우리다. 죄인이다. 교회를 나온다는 것은 내가 죄인임을 인정하는 것이다. 죄는 사람을 정말 쓸모없게 만들어 품꾼이 되게 한다. 그런 품꾼이 하나님의 은혜로 포도원에 들어온 것이다. 그래서 교회를 지배하는 법이 있다. 은혜다.

그런데 가끔 교회에도 매매의 법이 지배한다. 다른 사람보다 신앙의 연수가 오래고 좋은 일을 더 많이 하고 교회에 헌금도 아주 많이 한 존경받는 장로님과 사회에서 자유롭게 살다가 이제 교회에 처음 나온 청년이 같을 수는 없다. 우리가 보기에 그 차이는 매우 크다. 그런데 교회에 나와서 한 데나리온의 은혜를 받으면 그 차이는 순식간에 0이 된다.

조금 더 극한 예를 들면 존경 받는 한경직 목사님과 희대의 살인마 유영철은 우리에게는 엄청난 차이가 있어 보인다. 아니 있어야 한다. 그런데 무한한 하나님의 사랑에서는 그 차이가 없다. 둘 다 품꾼에 불과하다. 공평하게 받은 한 데나리온은 누구에게나 모두 놀라운 은혜(amazing grace)이기 때문이다.

그런데 우리는 그 은혜가 너무 불편하다. 그렇게 애써 지키려고 했던 n-1을, 그 차등을 아무것도 아닌 0으로 만들어 놓기 때문이다. 그래서 "어떻게 그들을 종일 수고하며 더위를 견딘 우리와 같게 합니까" 하고 항변하게 된다. 상식과 이성에 근거하는 것이 아닌 인간의 변덕스러운 감정에 의한 법이지 않느냐고 따지고 든다. 과연 n-1=0이라는 공식이 그렇게 비이성적이고 비지성적인 것일까?

20세기 위대한 지성인 중에서 수많은 사람의 삶의 질을 향상시킨 학자가 있다. 바로 하버드대학의 석좌교수인 정치철학자 존 롤스(John Rawls, 1921-2002)다. 그의 획기적인 정의론은 현대 국가들이 다양한 복지제도를 통해서 사회적 약자를 배려하는 이론적 토대가 되었다. 롤스의 정의론은 한마디로 이렇게 말할 수 있다. n-1=0이라는 것이다. 특별히 이제 사회에 들어서는 소외계급 청년들에게 n-1의 차이를 없애서 출발선을 같게 해 주자는 것이다. 당연히 n-1의 숫자가 큰 기득권층은 불평할 것이다. 그래서 롤스는 원초적 입장을 설명한다. 사람들에게 무지의 베일(A Veil of Ignorance)을 씌워서 자신이 앞으로 어떤 환경에서 태어나 어떤 지위를 가지게 될지 전혀 알지 못하는 상황에서 사회 구조를 선택하게 한다. 그러면 사람들은 어떤 선택을 할까? 운이 좋으면 좋은 환경과 가정에서 태어날 수 있지만, 운이 나쁘면 아주 가난한 나라에서 태어날 수도 있다. 가장 안전한 방법은 균등한 기회가 제공되는 사회 구조에서 태어나는 것이다.

존 롤스는 사실 우리가 열심히 노력해서 얻은 것이라고 주장하는 거의 모든 것은 운에 의해서 받은 것이라고 단정한다. 심지어 어려운 가정형편에서도 열심히 공부해서 좋은 대학에 입학해 부모의 도움 없이 자수성가한 사람이라 할지라도 말이다. 공부하는 머리는 노력해서 얻은 것이 아니다. 부모로부터 거저 받았거나, 우연히 공부를 잘할 수 있는 습관과 환경이 조성되었기 때문이다. 연구에 따르면 공부를 열심히 하는 노력조차 어려서 부모가 만들어 준 환경에 의해 결정된다고 한다. 그래서 롤스는 차등의 원칙과 기회균등의 원칙을 주장한다. 사회적으로 운이 없었던 품꾼들 즉 소외 계급에게 그만큼 더 많은 기회와 보상을 제공하자는 것이다. 적어도 출발선을 같게 해줘서 n-1=0이라는 등식이 성립되게 하자는 것이다.

믿음으로 산다는 것

롤스의 정의론이 나오기 2천 년 전에 예수님은 다른 방식으로 n-1=0으로 만들어 사회적 약자를 돌보셨다. 바로 모든 사람에게 최고의 은혜, 한 데나리온씩을 주는 것이다. 우리가 받은 은혜가 진짜 은혜라면, 그 은혜는 본질상 언제나 최고의 은혜여야 한다. 은혜가 놀랍고 가슴 벅차지 않으면 은혜가 될 수 없다. 믿는다는 것은 이 은혜로 산다는 것이다. 이 은혜의 법으로 살 때 천국을 살 수 있기 때문이다.

이 은혜는 놀라운 능력이 있다. 친구가 5리를 가 달라고 요구하는데 10리를 가 준다. 나는 8시간 일했지만, 1시간 일한 사람에게도 똑같은 사랑과 은혜를 베풀 수 있다. 천국을 만든 하나님의 마음을 품기 시작하는 것이다. 그러면 주인의 마음처럼 포도원에 더 많은 것을 쌓아 놓는 것에는 관심이 없게 된다. n-1을 증가시키지 않는 것이다. 이 세상의 품꾼들, n-1의 법으로 인해 가난해지고, 병이 든 이웃을 품게 된다. 법으로 혹은 제도로 나누어 주는 것도 아니다. 우리가 받은 은혜를 거저 흘리는 것이다. 이 능력이 기독교가 지난 2천 년 동안 퇴보와 타락의 길도 걸었지만, 다시 돌이켜 끊임없이 세상을 변화시킬 수 있었던 이유다.

그러므로 믿음으로 산다는 것은 우리가 받은 그 한 데나리온에 담긴 하나님의 무한한 사랑을 아는 것에서 시작한다. 바로 이것이 요한복음 3장 16절에서 말하는 것이다.

> 하나님이 세상을 이처럼 사랑하사 독생자를 주셨으니 이는 그를 믿는 자마다 멸망하지 않고 영생을 얻게 하려 하심이라

진짜 믿음이 무엇인지 알게 하기 위해서 먼저 독생자를 줄 수밖에 없으셨던 그 놀라운 하나님의 사랑을 제대로 경험해야 한다. 이것이 2장에서 살펴볼 내용이다. "하나님이 세상을 이처럼 사랑하사"라는 의미는 무엇인가? 그 사랑은 어째서 독생자를 줄 수밖에 없으며, 그리고 독생자가 어떤 의미인지 함께 풀어 본다.

3장에서는 그 사랑을 믿는다는 것은 무엇인가를 밝힌다. 왜 믿는 자마다 영생을 얻고 그 영생을 산다는 것이 무엇인지 함께 고민해 본다.

4장은 이러한 믿음과 영생이 어떻게 인류의 철학적 가치와 소통되어서 이 땅에 하나님 나라를 임하게 할 수 있는지를 살펴본다. 먼저 《레미제라블》이라는 인문학 고전 속에서 기독교의 믿음

과 영생이 어떻게 해석되었는지 분석해 본다. 이후 인류의 철학과 사상이 어떠한 흐름으로 발전되어 왔고, 이러한 흐름으로 세상의 역사가 어떻게 진보되었는지 설명한다. 또한 이 흐름이 기독교의 믿음과 사랑과 어떻게 소통될 수 있는지 풀어 볼 것이다.

존 롤스의 정의론의 예처럼, 나는 하나님이 주신 지성을 통해 인간은 좀 더 무한한 하나님의 사랑의 본질을 깨달을 수 있다고 믿는다. 그리고 그 결과로 이 세상의 법과 상식을 통해서도 보다 확장된 하나님 나라를 경험할 수 있다고 생각한다(물론 그 반대도 충분히 성립한다고 할 수 있다).

5장에서는 천국을 살게 하는 믿음은 어떻게 얻을 수 있는지, 그 믿음을 얻기 위해 왜 우리는 절대적 타자(Other)이신 하나님 앞에 서야 하는지를 성경에 나온 믿음의 사람들을 통해 구체적으로 살펴볼 것이다.

마지막 6장은 우리의 믿음이 세상과 어떻게 소통하여 이 땅에 천국이 임하게 하는지를 그려 볼 것이다.

루터가 '믿음'을 개혁한 지 500년이 지났다. 이제 다시 한 번 이 믿음을 개혁할 때다. 그래서 믿음의 선조들처럼 이 믿음이 한국 사회에 소통되어 이 땅에 하나님 나라가 임하기를 소망해 본다.

uncomfortable

2장

우리의 믿음 vs. 하나님의 사랑

사랑,

취약성(vulnerability)이 능력이다

하나님을 알 수 있다고?

하나님 하면 이러한 그림이 그려지지 않을까? 하얀 수염을 기르시고, 하늘에서 한없이 인자한 모습으로 우리를 바라보신다. 그분은 하나님이 아니다. 하나님이 참된 하나님이라면, 그분은 완전히 초월적이어야 한다. 인간의 언어로 형언될 수 없다. 인간의 지식과 앎의 대상 자체가 될 수 없다는 것이다. 하나님은 창조자이고, 우리는 피조물이다. 피조물이 전능자와 다투겠느냐? 말씀하시면, 우리도 욥처럼 "나는 비천하오니 손으로 내 입을 가릴 뿐이로소이다"라고 말할 수밖에 없다.

하나님은 절대적 타자(他者)시다. 내가 경험하고 알아낸 지식의 틀로써 투영할 수 없는 사람을 철학적으로 타자라고 한다. 내 안에 감히 그 사람을 판단하고 이해할 만한 틀을 가지고 있지 않다. 그를 전혀 경험해 본 적도 없으니까 말이다. 하나님을 우리의 토론과 논증을 통해 인간의 의식 속으로 끌어들여 와 이해하려는 시도는 결코 성공할 수 없다. 하나님이라는 존재 자체가 인간의 이해력을 초월하기 때문이다.

그러면 자연스럽게 이런 질문이 나온다. 알지도 이해하지도 못하는 존재를 우리가 어떻게 믿을 수 있는가? 진정한 믿음은 하나님을 제대로 알고 이해하는 것을 전제로 한다. 문제는 어떻게 아느냐는 것이다. 인간의 의식과 이성의 틀 속에서 하나님을 맞추어 보고 판단하여 이해하는 것이 아니다. 하나님이 먼저 자신을 우리에게 나타내 보이셨기에, 그렇게 우리가 구체적으로 경험한 한도에서만 우리는 하나님을 알 수 있고 이해할 수 있을 뿐이다.

타인을 알 수 있는 유일한 방식

이러한 이해는 하나님뿐만 아니라 우리가 일상에서 마주하는 다른 사람들도 마찬가지다. 나는 직업상 많은 사람을 만나고 가르치고 상담을 하는 편이다. 사람에 대한 철학적 지식이 있고 많은 사람을 실제로 만나면서 축적된 경험이 있다. 문제는 나의 축적된 지식과 경험이 나도 모르게 새로운 사람을 만날 때 그 사람을 이해하고 규정하는 틀이 된다는 것이다. 사람의 말투, 습관과 태도, 그리고 겉으로 보이는 모습과 인상을 보고 나도 모르게 '아! 이 사람은 이런 사람이겠구나' 판단해 버린다. 연구에 의하면 이러한 첫인상에 대한 판단이 그 사람과의 관계에 70% 이상의 영향을 미친다고 한다.

누가 "그 사람 알아?" 하고 물어보면, 우리는 자신 있게 이렇게 말한다. "어! 나 그 사람 알아." 과연 아는 것인가? 그 앎이 정당하고 윤리적일까? 아는 지인으로부터 A가 나에 대해서 잘 안다고 하면서 이런저런 말을 하고 다닌다는 말을 들었다. 순간 이런 생각이 들었다. 자기가 나를 얼마나 안다고. 그냥 몇 번 보고 인사한 정도다. 나의 소중한 부분이 함부로 들춰지고 재단당한 기분이다. 영 기분이 나쁘다. 당신도 그럴 것이다.

타인이란 본질적으로 나와 다른 사람이다. 그럼 타자를 어떻게 알 수 있는가? 경험해 보아야 안다. 경험해 보려면 그에게 다가가야 한다. 얼굴 대 얼굴로서 대면해 보아야 한다. 그러기 위해 내가 먼저 정직하게 그 사람 앞에 나 자신을 완전히 노출해야 한다. 나의 지식이나 이성을 통해 보려는 방식을 완전히 포기하고 그가 나에게 말하는 그의 이야기를 듣는 것이다. 그의 얼굴 표정과 몸짓을 통해 말하는 것을 있는 그대로 받아들이는 것이다. 즉 진정한 앎, 새로운 것에 대한 앎은 수용적일 수밖에 없다. 우리는 타자가 자신에 대해 "나는 이런 사람이야"라고 표현해 준 만큼만 알 수 있다. 이것이 임마누엘 레비나스(Emmanuel Levinas, 1906-1995)와 같은 21세기 깨어 있는 철학자와 지성인들이 추구하는 앎의 방식이다.

나와 다른 한 인간조차 제대로 알기 위해서는 그 앞에 서서 그가 자신을 나타내 주기만을 기다려야 하는데, 하물며 하나님을 우리 자신의 이성과 논리로 이해하려고 하는 것은 정말 우매한 일이다.

마찬가지로 인간이 스스로 하나님을 이해하고 믿을 수 있는 방법은 단 한 가지도 없다. 오직 하나님이 스스로 자신을 나타내 주셔야 한다. 그러면 그만큼만 우리도 알 수 있고 믿을 수 있다.

그럼 하나님은 자신을 우리에게 어떻게 나타내셨을까? 첫째, 그가 창조한 세계를 통해서다. 로마서 1장 20절에서 바울이 말한 것처럼, "창세로부터 그의 보이지 아니하는 것들 곧 그의 영원하신 능력과 신성"을 우리가 알 방법은 없다. 그러나 "그가 만드신 만물에 분명히 보여 알려졌나니 그러므로 그들이 핑계하지 못할 것이다".

둘째, 창조하신 후 하나님은 말씀으로 나타나셨다. 아브라함을 말씀으로 부르시고 이스라엘 백성을 조성하시고, 그들에게 직접 혹은 선지자들을 통해서 말씀하심으로 역사하셨다. 그러나 구약에서 말씀으로만 나타나셨던 하나님이 이제는 창조세계 안으로 들어오셨다. 말씀이신 하나님이 성육신하여 이 땅에 오신 그리스도가 되신 것이다. 요한복음 1장 14절은 이렇게 말한다.

> 말씀이 육신이 되어 우리 가운데 거하시매 우리가 그의 영광을 보니 아버지의 독생자의 영광이요 은혜와 진리가 충만하더라

우리 가운데 독생자로 오신 그리스도를 통하여 우리는 하나님이 이런 분이시구나 조금씩 아는 것이다.

사랑이 공평할 수 있는가

그럼 독생자를 통해서 우리가 경험한 하나님의 본질은 무엇인가? 하나님은 사랑이시라는 것이다.

그런데 우리는 자신을 사랑이라고 나타내신 하나님에 대하여 불편한 마음을 가지고 있다. 사랑의 하나님이 어떻게 아무런 죄 없는 우리 자녀에게 이러한 아픔을 줄 수 있는가? 왜 전쟁과 기근으로 수많은 어린이들이 죽어 가야 하는가? 사랑의 하나님이라면 왜 애초부터 악이란 것을 이 땅에 허락하셨는가? 수많은 질문이 쏟아져 나온다. 하지만 이러한 질문들 속에는 '사랑이란 이런 것이어야 해'라는 질문자의 보이지 않는 틀이 존재한다. 이 틀에 하나님을 맞추다 보니 이해할 수 없다. 마치 내가 어머니의 사랑을 오해한 것같이 말이다.

나는 형보다 8년이나 늦게 태어나 주워 와서 키웠다는 말을 듣고 자랐다. 어렸을 적에 가끔 닭백숙을 먹은 기억이 있다. 그때마다 어머니는 형 그릇에는 닭다리를, 내 그릇에는 닭목을 담으셨다. 형은 다리가 더 튼튼해져야 해서 닭다리를 먹어야 하고, 나는 노래 부르는 것을 좋아하니 노래를 더 잘하기 위해서 닭목을 먹어야 한다는 나름의 논리를 펴셨다. 어느 정도 이해할 수 있는 논리였다. 형은 어릴 적에 우리 집이 너무 가난해 잘 먹지 못해 키가 작았다. 그런데 나는 챙겨 주지 않아도 식성이 좋아서 잘 먹었고 차라리 너무 많이 먹어서 문제였다. 그런데 어느 날 나는 형의 그릇에 닭다리뿐만 아니라 닭가슴살도 훨씬 더 많이 담겨 있다는 사실을 알게 되었다. 그러고는 확신했다. 엄마는 형을 더 사랑한다고. 나는 정말 주워 온 아이일지도 모른다고. 정말 엄마의 사랑이 공정하다면, 닭가슴살만큼은 공정하게 배분해야 한다고 생각했다. 초등학생 수준의 사랑의 틀로 부모의 사랑을 재단해 버린 것이다. 나는 결혼할 때쯤에야 그것이 나와 형을 똑같이 사랑하신 엄마의 사랑이란 것을 깨닫게 되었다.

구약에 나타난 하나님의 사랑은 내 어머니의 사랑보다 편애가 좀 더 심하다. 하나님은 아예 '나는 과부와 고아와 이방인의 하나님'이라고 선언하신다. 하나님의 사랑은 공평과는 거리가 멀다. 오히려 하나님 편에서는 우리가 공평하다고 여기는 사랑이 불공평한 것이 된다. 가난하고 힘들고 외로울수록 하나님은 그들을 더욱더 사랑하실 수밖에 없기 때문이다.

법과 복지로 주어진 재원을 모든 사람에게 공평하게 나누어 줄 수 있다. 그러나 진짜 누구를 사랑하게 되면 공평해질 수 없다. 부모가 되면 바로 안다. 아픈 자녀에게, 아직 앞가림을 제대로 못하는 연약한 자녀에게 더 마음이 가고, 그래서 나의 것을 내어 줄 수밖에 없다. 이것이 하나님이 세상 모든 사람을 공평하게 사랑하시는 방법이다.

사랑하면 왜 아플까?

그럼 인간 사회에서 우리가 경험하는 사랑은 어떨까? 이것은 하나님의 사랑을 우리 사랑의 수준으로 끌어내리려는 것이 아닌, 이미 인간의 역사 속에 나타났고, 또 그렇게 경험된 독생자를 주신 사랑을 좀 더 구체적으로 살펴보기 위한 질문이다.

사랑해 보았는가? 사랑하면 어떻게 될까? 내가 강의하면서 100번도 넘게 던진 질문이다. 많은 대답이 나온다. 행복하다, 예뻐진다, 살이 빠진다, 살이 찐다, 돈이 든다, 괜히 웃는다, 슬퍼진다, 아프다, 관심이 바뀐다, 넋 놓는다 등이다. 대부분의 대답은 크게 두 가지 유형으로 나뉜다. 사랑해서 행복한 감정과 사랑해서 아픈 경험이다. 사랑하면 행복하다는 것은 다 안다. 그런데 왜 사랑하면 아플까? 사랑에 관한 노래 중 80%가량이 이별과 아픔, 상처를 이야기한다. 왜 아픈데도 불구하고 우리는 사랑하는 사람에게 상처 받을 준비를 하면서까지 계속 사랑하려 할까?

실존 철학자들은 인간을 세상에 던져진 존재라고 한다. 현실이라는 냉혹한 시간과 공간 속에 던져진 존재로서 인간은 스스로 자기 존재 의미를 실현해야 하는 책임이 주어진다. 또한 같은 공간 속에 던져진 무수히 많은 사람과 생존을 위해 경쟁해야 한다. 던져진 시간 또한 유한하다. 변화무쌍한 공간과 시간이 만들어내는 불확실성 앞에서 한없는 무력감을 느낀다.

그래서 던져진 존재로서, 유한한 사람으로서 인간이 하는 첫 번째 작업이 있다. '나'라는 자아(ego) 주위에 울타리를 치는 것이다. 일단 냉혹한 세상에서 자기를 방어해야 한다. 치열한 경쟁에서 살아남고 이 험악한 세상이 주는 고통에서 자신을 보호해야 하기 때문이다.

두 번째 작업은 그 울타리 안에 자기 것을 열심히 쌓아 놓는 것이다. 결국 그 울타리가 자기 감옥이 되는 것도 모르고 말이다. 그

렇게 자기 울타리에 갇혀서 평생 자기를 위해서 살지만 결국 죽음과 동시에 그 자아는 울타리와 함께 덧없이 사라져 버린다.

철학자들은 질문한다. 바로 이 자아(ego)라는 감옥과 울타리를 벗어나게 해서 인간에게 진정한 해방과 자유를 허락할 수 있는 것은 무엇인가? 주저 없이 말한다. 바로 사랑이다.

울타리를 없애는 순간 취약해진다

나는 대학 4학년 때 처음 연애를 해 보았다. 사랑이라고 말하기에는 너무나도 부족한 풋풋한 연애였다. 공식적인 연애 첫날 5시간의 데이트를 거의 10분 단위로 기획했다. 어디에서 만나서 어떻게 이야기를 풀어 가고, 밥 먹을 장소를 어떻게 정하고, 이동하는 동선과 방법을 계획했다. 모든 계획의 초점은 그녀였다. '어떻게 하면 가장 편안하고 좋아할 수 있을까?'가 계획의 중심이었다. 그 계획에 전혀 고려되지 않은 것은 신기하게도 '나'였다. 바로 며칠 전까지 나의 모든 관심은 나 자신이었다. 유학을 목표로 10분 단위로 철저히 시간을 아끼며 준비하던 터였다. 그런 내가 하루

24시간을 완전히 남을 위해 희생하는데, 그것이 너무나 행복했다. 나는 파스타를 좋아하지 않는다. 그런데 그녀가 파스타를 맛있게 먹는 모습만 보아도 정말 행복했다. 마치 내가 나 자신에게서 빠져나와 그녀가 되어 맛있게 파스타를 먹는 것처럼 말이다.

바로 이것이 사랑의 마법이다. 사랑하는 사람 안에 들어가 내가 행복을 느끼게 되는 것이다. 사랑하면 더 이상 상대의 기쁨과 슬픔의 감정이 상대의 것만이 아니다. 어느새 오롯이 내 감정이 되어 버린다. 사랑하는 사람 안에 들어가 행복을 느끼기 위해서 먼저 해야 할 일이 있다. 더 이상 내 안에만 머무를 수 없다. 사랑은 사랑하는 사람이 자아(ego)라는 감옥에서 스스로 벗어나게 하는 놀라운 능력을 선물한다. 사랑하기 전에는 거친 세상에서 상처 받지 않기 위해 울타리를 단단히 쳐 놓는다. 그런데 사랑하는 순간 그 울타리를 스스로 거두어들인다. 물론 한꺼번에 울타리를 거두어들이지는 않는다. 요즘 연애하는 청춘들을 보면, 그 울타리를 너무 쉽게 한 번에 거두는 것 같아서 걱정도 된다. 하지만 대개 큰 상처를 받지 않기 위해 소위 '썸'을 타면서 조금씩 상대의 마음을 확인하며 울타리를 거둔다.

그렇게 나와 너라는 관계의 장벽을 무너뜨리고 자유롭게 상대에게 내 마음과 생각, 그리고 시간을 내어 준다. 그에게 흘러가서 그 사람 안에서 나 자신을 발견하며 자아를 확장한다. 그래서 더 풍성한 행복감을 느끼게 되는 것이다. 사랑은 자신을 자유롭게 내어 주는 능력인 것이다. 이것을 'Self-Giving Love', 자신을 내어 주는 사랑이라고 한다.

그런데 왜 사랑을 하면 아플까? 나의 첫사랑은 한 달 이상 가지 못했다. 헤어진 날 노랫말 가사처럼 내 가슴은 총 맞은 것처럼 아팠다. 며칠 뒤 그녀를 우연히 보았다. 긴 머리가 단발로 잘려 있었다. 마치 칼로 내 가슴이 잘려 나간 것 같은 아픔이 느껴졌다. 사랑하면 왜 이렇게 쉽게 상처를 받을까? 기억하는가? 당신은 그동안 당신을 보호하던 울타리를 거둔 것이다. 적어도 당신이 사랑하는 그 대상에게만큼은 자신을 무방비로 열어 놓고 노출시켰다. 그러면 취약해진다. 그만큼 상처 받기 쉬워지는 것이다. 이 사랑의 상태를 잘 표현하는 놀라운 영어 단어가 있다. vulnerable(버너러블). '공격에 취약한' '상처받기 쉬운'이란 뜻이다.

길을 가는데 어떤 사람이 당신에게 기분 나쁜 말을 하고 지나간다. 울타리를 잘 쳐 놓은 건강한 사람은 '별 이상한 사람 다 봤네!' 하며 넘어가면 끝이다. 기분이 나쁘지만 상처가 되지는 않는다. 그런데 내가 울타리를 거두어 놓은 대상이 있다. 그가 무심코 어떤 말을 나에게 던진다. 길에서 들었던 것과 비교하면 훨씬 강도도 약하다. 그런데 그 말이 마음에 훅 들어와 비수처럼 꽂혀 상처가 된다. 친구하고 전화하는 중에 친구가 갑자기 "나 지금 좀 바빠, 나중에 하자"라고 끊었다. 큰 상처가 되지 않는다. 그런데 정말 사랑하는 애인하고 전화하는데, "나 지금 좀 바빠, 나중에 해, 알았지?"라고 끊어 버리면 깊은 상처가 된다.

서로 울타리를 쳐 놓았을 때는 잘 모른다. 상대의 겉모습, 즉 드러나는 장점, 매력적인 외모에 끌려서 서로에게 다가가기 때문이다. 상대를 100% 안다고 할 때, 울타리를 친 관계일 때는 1%,

연애 때는 9% 정도 알고, 울타리가 완전히 제거된 결혼 후부터 나머지 90%를 알아 가게 된다. 그렇게 울타리를 거두어들이고 서로의 삶으로 들어가 보면 발견하는 것이 있다. 곁에서 보았을 때 보지 못하던 허물과 단점이다. 상대의 아픔과 상처가 가시가 되어 나도 모르는 사이 서로의 마음속 이곳저곳을 찌르며 또 다른 상처를 만들어 낸다.

Vulnerability, 취약성이 능력이다

바로 여기서 진짜 사랑과 가짜 사랑이 판별된다. 가짜 사랑은 상대방의 연약함과 허물, 상처로 인해서 내가 상처 받기 시작하면 당황해한다. 그래서 나도 모르게 슬그머니 내 안에 울타리를 다시 쌓아 가기 시작한다. 어느 선까지는 인내하고 참아 주지만 그 선을 넘어서 내 삶 자체가 불안해지고 취약해지는 것은 싫기 때문이다. 그런데 진짜 사랑은 상대의 허물과 상처가 나 자신을 더욱 취약하게 하도록 내버려 둔다. 그래서 더욱더 자신의 울타리를 거두어들이고 상대에게 다가간다. 애틋할 뿐 아니라 상대의 아픔이 더 나를 아프게 한다. 견딜 수가 없다. 그래서 그 아픔을 당장 어떻게 해서라도 해결해 주고 싶다. 상대의 문제가 고스란히 내가 해결하고 감당해야 할 내 문제가 되어 버린다. 그렇게 상대가 연약하면 연약할수록, 부족하면 부족할수록, 아프면 아플수록, 자신도 모르게 자아(ego)의 벽을 훌쩍 넘어 버리고 담대하게 자신을 상대에게 내어 주는 능력을 발휘한다.

이것이 vulnerability(버너러빌리티, 취약성)다. 여기에는 역설적 뜻이 담겨 있다. vulnerability는 vulnerable과 ability의 합성어다. 상대로 인해 내가 더 취약해지고, 아프지만(vulnerable) 그래서 더 나의 것을 내어 줄 수 있는 능력(ability)이 된다. 이것이 진짜 사랑의 능력이다.

에리히 프롬(Erich Fromm, 1900-1980)이 그의 대표 저서 《사랑의 기술》에서 역설하는 것이 있다. 사랑은 '받은 조건'에 의해서 결정되는 것이 아니라 '하는 능력'에 의해서 결정된다는 것이다. 우리나라의 많은 남녀가 사랑에 실패하는 이유가 사랑 받기 위한 '조건'에 목숨 거느라 정작 사랑하는 능력을 키우지 못하기 때문이라고 생각한다. 남자가 좀 더 취약하다. 주로 좋은 대학, 좋은 직장이란 조건을 갖추어야 사랑하고 결혼할 대상을 찾는다. 결혼해도 아내를 사랑하기 위해 어떤 표현을 해야 하고, 어떻게 다가가야 하며, 또 자녀를 사랑하기 위해 어떻게 시간을 함께 보내 주어야 하는지에 대한 기술을 배워 본 적이 없다. 그저 사랑 받으려면 돈을 많이 벌어야 된다고 생각한다. 그래서 은퇴하거나 돈을 많이 벌지 못하면 이 조건남(男)에서 탈락하게 된다. 아내가 남편과 있는 시간을 거북해하고, 자녀들이 아빠를 부담스럽게 생각한다. 남자들은 사랑하는 능력을 배우지 못했기 때문이다.

받을 만해서 하는 조건적 사랑은 능력이 없다. 진짜 사랑은 상대가 연약하고 허물투성이라서 더 사랑할 수밖에 없다. 상대의 허물에 취약해지므로 더욱더 사랑의 능력이 발휘되는 것이다. 그래서 부모는 자녀를 공평하게 사랑하지 않는다. 우리 어머니가

형에게 닭가슴살을 더 준 것처럼 부모의 마음은 자식 중에서 연약하고 부족한 자녀에게 더 흘러가서 자신의 것을 더 내어 주는 것이다.

'이처럼' 사랑

"하나님이 세상을 이처럼 사랑하사." 그렇다면 세상이 어떤 곳일까? 강의하면서 이 질문을 하면 10·20대는 그래도 긍정적인 대답을 하는 반면 30·40대는 '힘들고 피곤하지만 그래도 살 만한 곳'이라는 다소 이중적인 반응이 나온다. 하지만 60대로 넘어가면, 온통 부정적인 대답 일색이다. 40·50대 중에 철저하게 인간의 권력과 탐욕으로 돌아가는 세상의 민낯과 마주한 적이 없는 사람이 있을까? 그리고 그 민낯이 다름 아닌 자신의 모습임을 보고 자괴감에 빠지지 않을 사람이 있을까?

하나님과 세상, 참 어울리지 않는 한 쌍이다. 가장 거룩하고 순결한 미녀 옆에 있는 야수라고 할까? 도대체 왜 가장 거룩하고 능력 있는 하나님이 뭐가 아쉬워서 세상을 사랑하는가? 세상 속 온갖 허물과 상처를 끌어안고 살아가는 인간을 그렇게 사랑한다고, 너 없이는 못 산다고 애절하게 말하는 것일까? 바로 사랑이란 vulnerability이기 때문이다.

하나님은 사랑이시다. 그래서 그 사랑에 더 멀리 있는 존재일수록 더 애절하다. 상처가 너무 많기에, 허물투성이기에 그 어떤 사람도 그를 가까이하려 하지 않는다. 사랑 그 자체이신 하나님은 그래서 그에게 달려가실 수밖에 없다. 연약할수록, 죄가 많을수록 더욱더 사랑해 내시는 것이다. 사랑의 원천이신 하나님은 세상과 인간을 사랑하실 수밖에 없다.

그렇게 해서 한 사랑이 바로 '이처럼' 사랑이다. '이처럼'의 뜻을 영어로 보면 그 뜻이 명확해진다. So loved that. 중학교 때 배운 so~that 용법을 기억하는가? too~to 용법이라고도 하는데, '너무 ~해서 ~할 수밖에 없다'는 뜻이다. '~할 수밖에 없다'는 무능력을 나타내는 말이 아니다. 오히려 앞의 내용이 너무 중요하고 막강해서 다른 선택이 있을 수 없다는 말이다. 하나님의 사랑이 무한하시기에, 그 사랑은 취약해지는 능력이기에 도저히 다른 선택이 없으셨다. 우리에게 자신의 독생자를 주시는 것 외에는 말이다.

아무도
가르쳐 주지 않는

독생자의 의미

독생자란 무엇일까?

독생자를 주셨다는 것은 무슨 뜻일까? 아들이 딱 하나 있는데, 그 외아들을 우리에게 주셨다는 것일까? 물론 예수님은 하나님의 아들이다. 그러나 우리 인간처럼 남자가 결혼해서 아들을 낳아 맺어지는 그런 부자 관계를 말하는 것이 아니다. 독생자란 헬라어 원어로 '모노게네스'다. '유일한, 하나의'라는 뜻을 가진 '모노스'와 '발생하게 되는 원인이 되다'라는 뜻을 가진 '기노마이'의 합성어에서 파생된 단어다. 그러므로 독생자란 '하나님으로부터 발생된(나온) 유일한 자'라는 의미다. 독생자의 의미를 더욱 구체적으로 살피기 위해선 요한복음에서 독생자가 어떤 의미로 쓰였는지 보아야 한다.

말씀이 육신이 되어 우리 가운데 거하시매 우리가 그의 영광을 보니 아버지의 독생자의 영광이요 은혜와 진리가 충만하더라… 본래 하나님을 본 사람이 없으되 아버지 품속에 있는 독생하신 하나님이 나타내셨느니라 요 1:14, 18

독생자는 태초부터 말씀으로 하나님과 함께 계셨던 하나님이시다(요 1:1-2). 그런데 그 말씀이 육신이 되어 우리 가운데 거하셨다. 즉 '우리와 같은 인간이 되셨다'는 것이다. 독생자는 바로 성육신하신 성자 하나님을 말하며, '독생하신 하나님'이라고도 한다.

여기에 보다 깊은 의미가 있다. 하나님은 말씀이시고 천지를 창조한 전능하신 분인데 그 하나님이 신성이라는 울타리를 과감히 걷어 내고, 인간의 세계에 들어오셔서 우리와 같은 완전한 한 인간으로서 존재하기로 결정하셨다. 완전한 하나님이신데, 또한 완전한 인간이 되신 것이다.

그래서 독생자는 전능한 하나님이지만, 가장 연약한 아이로 태어나실 수밖에 없었다. 천지를 말씀으로 지으신 가장 부유한 하나님이지만, 가장 가난한 목수의 아들이 되셨다. 인간의 고통과 아픔과는 상관이 없는 초월자이지만, 십자가에서 가장 극한 고통을 당하셨다. 죄를 알 수도 없는 가장 거룩한 분이지만, 가장 흉악한 범죄자가 되셨다. 스스로 영원히 계신 자로서 죽음을 알 수 없는 분이지만, 십자가에서 완전한 죽음을 경험하셨다. 이렇게 그 어떤 존재도 살아 보지 못한 유일한 존재 방식으로 사셔야 했다. 왜일까?

"God so loved that!"

하나님이 세상을, 인간을 너무나 사랑하셔서 다른 방법이 없으셨던 것이다. 사랑은 사랑하는 사람이 되어 주는 것이다. 사랑이시기에, 가장 가난하고 고통당하고 죄로 인해 죽을 수밖에 없는 자를 구원하실 수 있는 유일한 방법은 우리와 같이 되어 주는 것이다. 그래서 천지를 만드신 하나님이지만, 우리를 살리기 위해 십자가에서 우리의 죄와 고난과 허물을 당하고 아파하시면서(self suffering love) 죽을 수밖에 없으셨다. 우리와 같은 완전한 인간이 되셔서 자신의 모든 것을 내어 주셨다(self giving love).

이렇게 함으로 하나님은 진짜 자신의 본성(essence)을 독생자 예수님에게 전부 다 내어 주셨다. 역사적 한 인간에게 하나님 자신을 완전히 소통(self-communication)한 것이다. 그래서 우리는 독생자이신 예수님을 통해서 진정한 하나님의 본성을 경험한다. 하나님의 영광과 진리가 무엇인지 볼 수 있는 것이다(요 1:14). 독생자이신 하나님, 즉 예수 그리스도를 통해서만 하나님을 아는 것이다. 인간의 지식으로 하나님을 알 수 있는 방법은 없다. 대신 하나님 스스로 우리 인간이 부인할 수 없도록 독생자를 통해서 자신을 명확하게 나타내신 것이다.

독생자가 불편한 이유

하나님의 사랑이 우리에게 이렇게 나타난 바 되었으니 하나님이 자기의 독생자를 세상에 보내심은 그로 말미암아 우리를 살리려 하심이라 요일 4:9

요한이 "본래 하나님을 본 사람이 없으되 아버지 품속에 있는 독생하신 하나님이 나타내셨느니라"(요 1:18)고 말했듯이 인간은 그 독생자를 통해서만 하나님의 본성을 경험할 수 있다. 이렇게 말이다. '아! 하나님은 사랑이구나. 그리고 그 사랑 안에 아버지의 독생자의 영광이 있구나. 독생자로 나타난 예수님을 통해 우리가 하나님의 은혜와 진리를 볼 수 있구나!' 이것이 요한이 감히 '하나님은 사랑'이라고 정의할 수 있었던 이유다(요일 4:8). 요한복음에서 예수님이 "내가 곧 길이요 진리요 생명이니 나로 말미암지 않고는 아버지께로 올 자가 없느니라"(요 14:6)고 말씀하신 이유다. 그리고 아버지를 보여 달라 하는 이들에게 "나를 본 자는 아버지를 보았거늘 어찌하여 아버지를 보이라 하느냐"고 책망하신 이유다(요 14:6-9).

그런데 우리는 이 독생자가 참 불편하다. 우선 이성적으로 이해되지 않는다. 어떻게 완전한 하나님이 또 완전한 인간이 될 수 있다는 것인가? 하나님은 스스로 계신 분이어야 한다. 그 어떤 것에도 제한 받으시면 안 된다. 인간의 고통과 아픔으로 인해 하나님이 어쩔 수 없이 자신을 내어 주신다는 것이 불편하다.

예수님이 독생하신 하나님이라면, 그럼 예수님이 죽을 때 하나님도 죽으시는 것인가? 어떻게 하나님이 죽으실 수 있는가? 아니 로마 시대에 가장 흉악한 죄인으로 십자가에서 처벌 받은 사람이 어떻게 하나님이 되고, 우리를 구원하실 수 있다는 것인가? 그래서 바울은 독생자, 즉 십자가에 못 박힌 그리스도는 "유대인에게는 거리끼는 것이요 이방인에게는 미련한 것이다"(고전 1:23)고 말했다.

이 모든 불편함은 인간의 이성이라는 틀로 하나님을 이해하려는 시도에서 시작된다. 이러한 시도는 역사적으로 많은 이단을 배출했다. 대표적인 것이 예수님의 신성을 부정하는 것이다. 영지주의(Gnosticism)는 예수님이 십자가에 못 박혀 죽었을 때 신성을 가진 그리스도는 떠나가고 인간 예수만 죽었다고 주장한다. 하나님은 절대자인데 죽을 수 없기 때문이다. 아리우스(Arius, 250-336)는 십자가에서 고난당하신 예수님은 하나님으로부터 나온, 하나님께 종속된 자로서 완전한 하나님이 될 수 없다고 주장한다. 초월자 하나님은 고난 받으실 수 없기 때문이다.

그런데 우리에게 나타난 '독생자이신 하나님'은 우리에게 이렇게 말한다. 하나님은 스스로 계시는 분이다. 그런데 사랑으로 계신다. 그래서 누군가 죽어 가고 아파하면 하나님은 어쩔 줄 몰라 하며 달려가서 자신의 모든 것을 내어 주신다. 자기 자신까지도 말이다. 우리처럼 자신의 소유와 존재에 의해서 제한 받지 않으신다. 육체의 죽음도 하나님을 제한할 수 없다. 그 어떤 울타리 없이, 독생자를 통해 모든 사람에게 다가가서 자신의 모든 것을 내어 주기까지 아파하실 수 있는 것이 하나님의 진정한 자유로움이다.

독생자가 불편한 신학자와 철학자들

하나님의 초월성과 절대성은 결코 인간이 만들어 낸 신학적 논리에서 나오지 않는다. 바로 독생자로 나타난 그 사랑이 그 어떤 인간의 논리와 인식의 틀을 뛰어넘는 초월적이고 신비한 하나님의 영광이요, 진리이기 때문이다. 그런데 적지 않은 신학자들은 하나님의 절대주권을 인간의 이원론적인 틀로 묶어 놓으려 한다. 하나님은 인간으로 인해 제한 받으실 수 없고, 그분의 거룩함과 인간의 부정함은 완전히 구분되어야 한다는 것이다. 선과 악처럼 하늘과 땅, 그리고 천국과 이 세상은 완전히 분리되어야 한다. 이러한 이원론적인 사상에는 종교적 기득권이 숨어 있다.

가톨릭과 교황의 권력은 바로 하나님의 절대주권에서 나온다. 하나님의 유일한 대리자로서 하나님의 그 절대적인 뜻을 그들만이 알 수 있다고 주장하기 때문이다. 중세시대 이러한 이원론적 틀은 소수의 종교 기득권자가 일반 백성들을 지배하고 억압하는 사상적 기초를 제공했다. 사람들은 어떻게 사는 것이 좋은 것인지, 옳은 것인지 생각할 수도 없고 생각할 필요도 없다. 주어진 하나님의 뜻이 있기 때문이다. 그리고 그 뜻은 사제나 교황이 말해줄 것이므로 그들이 말해 준 대로 순종하면 된다. 이원론적 사상이 이원론적 계급을 형성한 것이다.

그래서 니체(Friedrich Wilhelm Nietzsche, 1844-1900)는 "신은 죽었다"고 말해야만 했다. 그래야 일반 사람들이 스스로 생각해서 종교 권력자들의 노예로 사는 삶에서 탈출하여 진정한 자신의 삶을 살 수 있기 때문이다. 니체가 죽인 신은 하나님이 아니다. 죽일 수도 없지만 말이다. 그 신은 교황이나 교회 권력자들이 자신의 절대적 기득권을 유지하기 위해 만들어 낸 가짜 기독교 신이다.

스피노자(Baruch Spinoza, 1632-1677) 역시 중세 기독교의 절대적

이며 초월적인 신을 부정했다. 세상과 분리되어 세상 위의 초월자로서 세상을 군림하고 통치하는 신은 중세 종교 권력자들로 하여금 백성을 마음대로 다스리고 억압할 수 있는 절대 권력을 선물하기 때문이다. 중세의 깨어 있는 철학자들은 이러한 이원론적 구조가 사람들을 억압하는 틀임을 인지한 것이다. 스피노자는 만약 신이 무한자로서 세계를 만들었다면 그는 반드시 세계 밖에 존재해야 한다고 말한다. 그래야 세상 위에서 세계를 마음대로 통치하고 다스릴 수 있기 때문이다.

이 세상에 존재하는 모든 것은 신과 그 신이 지은 세계밖에 없다고 가정해 보자. 그런데 신이 세상 위에 군림하기 위해서 그가 만든 세계와 분리되어야 한다면, 신은 어쩔 수 없이 무한자가 아니라 유한자일 수밖에 없다. 세상에 존재하는 모든 것 중에서 적어도 세계의 부분만큼은 신의 존재 영역이 아니기 때문이다. 그 부분만큼 신의 존재가 제한되어 있는 것이다. 그래서 신이 무한자가 되려면 스피노자는 '신=세계'라는 공식이 성립되어야 한다고 말한다. 즉 세계 안에 존재하는 모든 것은 신이 될 수 있다는 것이다.

스피노자는 자신의 삶을 주체적으로 생산하고 창조해 낼 수 있는 그 어떤 자연인(能産人-능산적 즉 생산하는 자연인을 일컬음)도 신이 될 수 있다고 주장한다. 이는 중세 종교 권력이 만들어 낸 신의 절대적 지위를 무너뜨리는 충격적인 발언이다. 중세의 사람들이 종교 권력자들의 억압에서 벗어나 능동적이고 주체적으로 살아가도록 스피노자가 도전한 것이다.

유명하다는 몇몇 인문학자들이 강의를 할 때 니체와 스피노자의 논리를 가져와서 기독교의 하나님을 쉽게 부정하려 드는 그 가벼움에 깜짝 놀랄 때가 있다. 니체와 스피노자를 무신론자나 범신론자로 단순하게 규정하는 것은 니체와 스피노자에 대한 무지함을 드러내는 것이다. 니체의 중심 의도는 기독교의 신 자체를 죽이는 것이 아닌, 권력에 취한 병든 종교에서 벗어나려는 것이었다. 스피노자를 무신론자로 규정하는 것보다는 종교 권력자들에 의해 만들어진 거짓 신을 무너뜨리고자 한 그의 노력을 존중하는 것이 더 올바른 태도가 아닐까? 위대한 사상가에 대해 공부할수록 한 가지 틀로 그의 철학을 완벽히 해석하려는 시도가 얼마나 우매한 것인지 깨닫게 된다.

독생자의 무한성

독생하신 하나님의 무한한 영광은 세상과 분리됨으로 기인하지 않는다. 아무 불편함 없이 세상 위에서 세상을 마음껏 조정하고 통제하는 능력이 하나님의 능력이 아니라는 것이다. 하나님의 능력은 소통의 능력이다. 어떠한 분리도, 한계도, 벽과 울타리도 제한할 수 없는 하나님의 본성(essence)은 소통이다. 그래서 전부를 내어 주신다. 말씀이 육신이 된다. 하나님이 인간이 되신 것이다. 가장 능력이 많으신 분이 가장 연약한 아기가 된 것이다. 가장 부한 자가 가장 가난하게 되고, 가장 거룩한 자가 더러운 구유에서 태어났다. 어린 양 같은 순결한 자가 가장 흉악한 범죄자가 되었다. 죽음을 알지 못하는 초월자가 죽음을 경험했다.

그런데도 하나님의 본성은 변하지 않는다. 그 자신을 아무 제한 없이 내어 줄 수 있기 때문이다. 이 소통의 능력이 부어지는 통로가 바로 취약함의 능력(vulnerability)이다. 상대가 연약하면 연약할수록, 죄가 더하면 더할수록 아무 제한 없이 자신을 내어 준다. 그렇게 죄가 더한 곳에 은혜가 더욱 넘친다(롬 5:20). 무한한 사랑이 된 것이다.

어떻게 이 무한성이 경험되는가? 독생자를 통해서다. 십자가에 못 박힌 그리스도를 통해서다. 세상의 힘과 권력을 소유하는 방식으로는 기독교의 능력이 도무지 나올 수 없다. 역사적으로 십자군 전쟁처럼 기독교가 힘과 권력으로 하나님의 사랑을 세상과 소통하려 했을 때 가장 철저한 실패를 경험했다. 취약해질(vulnerable) 때, 특별히 상대의 연약함에 취약해질 때 그 능력을 덧입는다.

우리의 허물을 위해 끔찍한 죄인이 되신 그 독생자 앞에 제대로 서 볼 때에야 그 무한한 사랑을 경험하게 된다. 우리의 강함이 아닌 연약함, 우리의 선행이 아닌 끊임없이 무너지는 죄 앞에 정직히 설 수 있을 때에야 경험할 수 있다. 예수의 발에 향유를 부은 여인처럼 사함을 받은 일이 적은 자는 적게 사랑하고, 사함을 많이 받을수록 더욱 사랑 안에 거하게 된다. 무한한 사랑에 압도되는 것이다. 그래서 하늘을 두루마리 삼고 바다를 먹물 삼아도 그 사랑을 다 기록할 수가 없다. 이것이 우리의 한계를 초월한 하나님의 영광이요, 하나님의 신비로운 진리다.

사랑의 능력과 신비

사실 우리도 이렇게 사랑의 능력과 그 신비를 경험하고 있지 않은가? 평범한 지인이 있다. 특별히 건강하거나 뛰어난 능력자도 아니다. 그런데 요사이 그는 하루 3시간만 자며 회사에 다니고 집안일을 하고 지체 아동인 딸을 돌본다. 사랑하는 아내가 병원에 입원해 있기 때문이다. 큰병은 아니라지만 아내까지 돌보는 일은 쉽지 않다. 그런데 거뜬히 해낸다. 어디서 그런 능력이 나오는지, 능력의 한계가 어디까지인지 자신도 궁금하다고 했다. 아내의 아픔에 취약해졌기 때문이 아닐까?

어린 자녀가 위기에 빠질 때마다 초인적 힘을 발휘하는 엄마를 자주 목격한다. 차량 폭발 중에 자녀를 구한 엄마, 차량에 치여 골절 상태에서도 아들을 구한 엄마, 총을 세 발 맞고도 아이를 구한 엄마, 그들의 능력은 어디에서 나올까? 취약성(vulnerability)이다.

박사학위 막바지였다. 지도교수와 논문 방향이 맞지 않았고, 결국 교수가 졸업을 시켜 줄 수 없다는 통보를 해 왔다. 2주 후면 논문 마감일인데 날벼락이었다. 부모님께 기도 부탁을 했다. 나중에 알았지만, 당시 아버지는 위암이 재발한 상태였다. 그런데도 아버지는 3일 동안 금식기도를 하셨다고 한다. 그 기도 덕분인지 기적 같은 일이 일어났다. 마지막으로 교수 면담이 있던 날 허리디스크로 911을 타고 병원에 실려 갔고 교수가 이를 알게 된 것이다. 자신도 학생 때 허리디스크로 고생한 경험이 있던 교수는 마음이 취약해져서(vulnerable) 논문을 통과시켜 주었다. 아버지가 학위수여식 때 오셔서 매우 기뻐하셨다. 한 달 뒤 나는 한국으로 귀

국해 중환자실에 있던 아버지를 면회했다. 상상할 수 없을 정도로 야위어진 아버지는 숨이 차서 말씀도 제대로 하지 못하셨다. 그런 중에도 아버지는 아주 숨찬 말투로 천천히 형에게 어떤 말을 하셨다. 처음에는 잘 알아들을 수 없었지만 그것은 '성조 보험'이었다. 평소 위가 안 좋은 내가 한국에서 내시경 검사하고 치료받을 수 있도록 내 건강보험을 다시 살려 놓으라는 것이었다. 그 말을 듣고 옆에 계신 어머니가 지금 당신이 누구 걱정할 때냐고 눈물을 흘리셨다.

아내와 함께 산 지 벌써 16년이 지났다. 이제 어떤 사람인지 알았다고 생각했는데 바로 그 생각에 비웃기라도 하는 듯 전혀 다른 모습이 불쑥 나타나 나를 무척 당황하게 한다. 여성스럽지만 저돌적이고, 순응형이면서도 주도적이다. 아내에게 믿음에 대해 한 수 가르치고자 하는 순간, 엄청난 믿음으로 내 기를 꽉 죽인다. 이처럼 우리가 한 사람과 친밀해지고 사랑할수록 그 인격이 가지고 있는 신비에 더욱 빠져들게 된다.

하나님의 신비를 경험하는 방법

인격은 신비요, 사랑은 취약함(vulnerability)이다. 우리가 감히 가늠할 수 없는 하나님의 초월성도 이 신비함에 있지 않을까? 이것은 이 세상에서 경험한 사랑으로 하나님의 사랑을 vulnerability라고 유추하거나 정의하려는 것이 아니다. 인류는 2천 년 전 우리 가운데 오신 독생하신 하나님을 통해서 '사랑'이란 것을 처음 경험했다. 그래서 우리는 사랑을 알게 되었다. 사실 그 전까지 인류는 사랑이란 것을 알지도 못했고 알 수도 없었다. 사랑은 머리로 아는 것이 아니다. 독생자를 통해 이미 나타난 사랑으로 하나님의 영광과 진리를 신비롭게 경험하는 것이다.

물론 이 사랑으로 하나님의 모든 본질과 그 영광을 간파했다고 말할 수는 없다. 우리가 사랑으로 나타나신 독생자를 통해서 하나님의 본질을 보는 것은, 마치 창문을 통해 세상을 보는 것과 같다. 창문을 통해 보이는 세상이 절대 이 세계의 전부일 수는 없다. 그러나 우리는 제한적이나마 창문을 통해 세상을 볼 수 있다. 그럼 이제 그 사랑에 대해 우리는 어떻게 반응해야 할까?

/ uncomfortable /

3장

믿는다는 것은 무엇인가?

믿으면

무너진다

———
———

너 뭇별 셀 수 있어?

복음에는 하나님의 사랑만 있는 것이 아니다. 그 사랑에 대한 인간의 책임 있는 반응이 포함된다. 그래서 요한복음 3장 16절은 독생자를 주신 하나님의 사랑이 우리의 영생을 보장한다고 말하지는 않는다. 이를 믿어야 하는 인간의 응답이 포함된다. 그러면 도대체 믿는다는 것은 무엇일까?

이를 위해 우리가 주목해야 하는 사람이 있다. 아브라함이다. 아브라함은 단순한 믿음의 조상이 아니다. 사도 바울이 로마서에서 말한 기독교의 핵심 교리인 이신칭의(以信稱義), 즉 행위가 아니라 믿음으로 의롭게 되는 모델이요 근거가 바로 아브라함이기 때문이다. 창세기 15장 6절의 "아브라함이 여호와를 믿으니 여호와께서 이를 그의 의로 여기시고"는 구약과 신약을 연결하는 가장 중요한 구절이다.

아브라함이 75세에 하나님이 뭇별과 같은 자손을 주시리라는 것을 믿고 하나님을 따르기로 결단한다. 아브라함은 열심히 하나님의 뜻에 순종하고 따르면 약속하신 복을 받을 것이라 믿는다. 그래서 조카 롯에게 좋은 땅도 양보한다. 양보한다고 염치없이 바로 땅을 차지한 롯이 밉기도 하였지만, 적군에게 사로잡히자 그를 구원하기 위해서 엄청난 재산을 들여 전쟁에 나가서 승리해 롯을 구원해 낸다. 전쟁에서 승리했지만 받아야 할 전리품을 믿음 때문에 받지 않는다. 하나님이 주신 승리인데 사람 때문에 복을 받았다는 말을 듣기 싫었기 때문이다.

그런데 이제 그 믿음이 흔들리기 시작한다. 롯 때문에 전쟁에 휘말려서 이기기는 했는데 언제라도 적군이 복수하러 자신을 공격할지 몰라 불안하다. 설상가상으로 전쟁으로 인한 경제적 손실조차 전리품으로 충당되지 않아 경제생활마저 위태롭다. 분명 믿음으로 살면 복을 주신다고 했는데, 축복은커녕 있던 복도 다 사라질 판이다.

90이 가까이 되어 가는데 뭇별은 고사하고 자녀 한 명도 없다. 아이는 1년이면 충분히 낳을 수 있지 않은가? 게다가 그동안 자신이나 아내 사라나 나이가 들어서 생식 기능까지 완전히 소멸해 버렸다. 아브라함의 믿음은 바닥이 나 버린다. 자녀 하나 없이 외지에서 적으로부터 위협당하며 가난하고 힘들게 살아가야 하는 현실을 마주할 때마다 하나님에 대한 불평과 원망이 쏟아져 나온다.

바로 그때 하나님이 아브라함에게 나타나 위로하신다.

아브람아 두려워하지 말라 나는 네 방패요 너의 지극히 큰 상급
이니라 창 15:1

'내가 너를 적군에서 보호해 주고, 그 믿음에 대한 상급도 주겠다'라는 뜻이다. 그러자 아브라함이 하나님께 쏘아 붙인다.

"자식 한 명 안 주시면서 뭐 방패와 상급이 되어 주신다고요? 저더러 또 믿음으로 살라구요? 버틸 만큼 버텼습니다. 이쯤에서 끝내렵니다. 자녀는 제 집에 있는 엘리에셀을 양자로 삼을 테니 이제 저에게 신경을 꺼 주세요."

믿음이 산산조각 났을 때, 하나님은 아브라함에게 진짜 믿음의 세계를 소개하기 위해 그를 도우신다. 일단 그를 이끌고 밖으로 나간 다음 이렇게 물으신다.

"하늘을 우러러 뭇별을 셀 수 있나 보라."

별이 너무 많아 쏟아질 것 같은 밤하늘을 본 적이 있는가? 2년 전에 아내와 함께 미국 JMT(John Muire Trail) 트레일을 23일 동안 걷고 왔다. 현실로 인해 내 믿음이 완전히 바닥을 칠 때 나는 주로 장거리 트레일을 걷는다. 뭇별을 보기 위함이다. 4천 미터 높이의 광대한 빅혼 플래투(Bighorn Plateau) 고원에서 작은 텐트를 치고 뭇별 앞에 서 있었다. 두려웠다. 헤아릴 수 없는 무한한 별 속으로 내가 흔적도 없이 사라져 버릴 것 같았다. 무수하게 쏟아지는 별이 나를 무너뜨리고 있었다.

낮이라고 다르지 않았다. 끝없이 펼쳐진 대지, 걸어도 걸어도 무한히 내 앞을 가로막는 산 앞에서 나는 한없이 작아짐을 느껴

야 했다. 그만큼 작아지는 것이 또 있었다. 현실에서 나에게 너무나 중요했던 문제들, 크게 다가왔던 성공들이 사소해졌다.

좁다란 현실이라는 장막에서 하나님께 이끌려 나와 뭇별을 바라볼 때 아브라함도 그러했을 것이다. 별 하나 나 하나, 별 둘 나 둘, 별 셋… 이렇게 별을 세면서 아브라함은 점점 무한한 뭇별의 세계로 빠져들었을 것이다. 그 세계는 천지를 말씀으로 창조하신 무한한 하나님의 능력의 세계요, 자신의 허물과 불신에도 묵묵히 끝까지 자신을 사랑하신 무한한 하나님의 사랑의 세계다. 그의 눈에 보이는 현실의 한계를 훌쩍 넘어 버리는 믿음의 세계다.

바로 그때 하나님이 아브라함에게 묻는다.

"너 저 뭇별을 다 셀 수 있니?"

아브라함은 지금 분명 뭇별을 세고 있다. 그런데도 셀 수가 없다. 심지어 지금 열심히 세고 있는 중이지만, 다 셀 수는 없다. 뭇별의 세계는 우리의 셈과 숫자 그리고 이성의 한계를 뛰어넘어 버리기 때문이다. 내가 셀 수 없다고 존재하지 않는가? 이해되지 않는다고 부정해 버릴 수 있는가? 지금 내 눈에 똑똑히 보이지 않는가.

하나님이 말씀하신다.

"아브라함아, 너는 눈에 보이는 뭇별도 다 셀 수 없으면서 감히 너의 셈을 기준으로 나의 능력을 판단하느냐? 네 몸이 늙었다고, 네 연약한 육신을 기준으로 그 몸과 이 세상을 창조한 나의 능력을 제한하느냐?"

뭇별의 무한성(n^2) 앞에 자신의 셈으로 계산하여 원망하던

n-1의 세계가 무너지는 순간이다. 바로 그때 조용히 속삭이는 하나님의 음성이 들린다.

"아브라함아! 지금 별을 다 헤아릴 수 없지? 너의 자손도 그렇게 네가 감히 셀 수 없을 만큼 많아질 것이다."

아브라함이 이 하나님의 말씀을 믿었다. 아니 믿을 수밖에 없었다. 나의 셈을 근거로 한 세계가 무너져 버렸기 때문이다.

그리고 하나님은 이 믿음을 근거로 아브라함을 의롭다고 하신다. 과연 아브라함을 의롭다 칭하시는 그 믿음의 정체가 무엇일까? 또한 어떻게 그 믿음이 아브라함만이 아닌 우리까지 의롭다 칭함을 받게 할까? 이제 아브라함의 믿음을 근거로 믿음으로 구원을 얻는 도리를 밝힌 바울의 이야기를 들어 볼 때다.

바랄 수 없는 중에 바라는 믿음

> 아브라함이 바랄 수 없는 중에 바라고 믿었으니 이는 네 후손이 이 같으리라 하신 말씀대로 많은 민족의 조상이 되게 하려 하심이라 **롬 4:18**

의롭다 칭함을 받은 아브라함의 믿음을 바울은 '바랄 수 없는 중에 바라고 믿는 믿음'이라고 정의한다. 믿음은 결코 현실을 부정하는 것이 아니다. 오히려 직시하는 것이다. 아브라함은 백세가 되어 자기의 몸과 사라의 태가 더 이상 아기를 가질 수 없음을 알았다. 나로 인해서는 약속이 성취될 그 어떤 근거도 없다. 그래서 바랄 수가 없다. 그럼에도 바란다. 이제는 근거가 바뀌었기 때문이다.

내 몸의 한계로 인해서 제한 받지 않는 하나님의 무한함이 그 근거다. 영원한 하나님의 약속이 내 몸의 죽음으로 인해 폐하여지지 않는다는 것이다. 이 믿음을 '의'로 여기셨다. 자신의 육체를 근거로 자녀를 낳을 능력을 계산했던 아브라함의 n-1 세계가, n^2 즉 하나님의 무한한 능력의 세계로 무너지는 것이다. 그 하나님의 무한성을 정말 믿으면, 바로 지금까지 그토록 내게 중요했던 것들, n-1의 세계가 죽는다. 이 믿음을 의(righteousness)로 여기신 것이다. 단지 예수님을 믿는다고 의인이 되는 것이 아니다. 예수님을 믿으면 죽어지는 것이 있다. 나의 '의'다. 나만의 n-1 셈법이다. 나는 죽어지고 예수님의 무한한 사랑으로 사는 믿음이 우리를 의롭다 하는 것이다. 그래서 바울은 로마서 4장 23-24절에서 이렇게 말한다.

> 그에게 의로 여겨졌다 기록된 것은 아브라함만 위한 것이 아니요 의로 여기심을 받을 우리도 위함이니 곧 예수 우리 주를 죽은 자 가운데서 살리신 이를 믿는 자니라 **롬 4:23-24**

독생자를 통해 나타난 하나님의 사랑을 믿으면 아브라함처럼 우리 역시 우리 자신에게서는 아무것도 바랄 것이 없게 된다. 자신의 완전한 절망을 경험하기 때문이다. 바로 무한한 사랑의 능력이 vulnerability에서 나오기 때문이다. 그래서 이 사랑의 능력은 그 사랑을 받는 자들에게는 너무 불편한 것이 되어 버린다. 그 사랑은 죄가 더한 곳에 더욱 넘치기 때문이다.

그러므로 '이처럼' 놀라운 사랑이 나를 비춘다는 것은 역설적으로 나조차 의식하지 못했던 '이만한' 나의 허물이 드러나는 일이다. 이것이 바울이 아브라함의 '의'를 설명하기 전 로마서 3장에서 "의인은 없나니 하나도 없으며" "모든 사람이 죄를 범하였으매 하나님의 영광에 이르지 못하더니"라고 선포한 이유다. 또한 로마서 2장에서 그래도 남보다는 선하다며 자신의 n-1의 의를 주장하고 남을 판단하는 자들을 고발하는 이유다. "곧 예수 우리 주를 죽은 자 가운데서 살리신 이를 믿는 자"(롬 4:24)가 되기 위해서는 먼저 '죄로 인해 죽은 자'가 되어야 한다. 나로 인해서는 정말 바랄 것이 없는 것이다.

니고데모의 질문

나에게 완전히 절망하여 '바랄 수 없는'이란 믿음의 요건이 충족되었다면 이제 '바랄 수 없는 중에 바라는' 진정한 믿음의 단계로 들어가야 한다. 이를 위해 우리는 요한복음 3장 16절이 나오게 된 배경인 니고데모의 질문부터 살펴보아야 한다.

예수님은 밤에 은밀히 자신을 찾아온 니고데모의 영적 갈망을 보신다. 그리고 이렇게 말씀하신다.

"누구든지 거듭나지 아니하면, 하나님 나라를 볼 수 없느니라."

"다시 태어나라고요? 이 늙은이가 다시 어머니 뱃속에 들어가서 태어나라는 말씀입니까?"

예수님께서 말씀하신다.

"육으로 난 것은 육이요 영으로 난 것은 영이니."

그것은 네가 육체로 태어난 것이고, 거듭나라는 것은 네가 '영'으로도 태어나야 된다는 것이야!

어떻게 우리가 거듭나서 하나님의 나라를 볼 수 있을까? 성령으로, 영으로 태어나야 된다는 것이다. 거듭난다는 것은 예수님을 믿고 한 사람이 개과천선한다는 것이 아니다. 예수님이 말씀하신 거듭남은 헬라어로 '겐나오 아노텐'이다. 이것은 다시 태어난다는 뜻이 아닌 저 위에서(from the above) 태어난다는 의미다. 영으로 태어나는 성령의 역사는 인간의 육체와 이성, 혹은 사랑의 한계를 넘은 저 위의 영역, 무한의 영역이라는 것이다. 이해하기가 어렵다. 그래서 예수님은 친절히 모세가 뱀을 든 이야기로 비유하신다.

이스라엘 백성이 이집트에서 탈출해 광야 생활을 할 때 하나님은 백성들의 원망과 불평을 다 들어 주신다. 그런데 이번에는 선을 넘었다. 이집트에 있었을 때는 고기도 먹었다고, 이집트로 보내 달라고 원망을 한 것이다. 하나님이 진노하신다. 그래서 불뱀을 보내 백성들의 죄를 심판하신다. 뱀에 물려 백성들이 죽어 가자, 모세는 하나님께 "당신의 백성을 다 죽일 생각이십니까?" 항변하며 기도한다. 하나님은 모세에게 놋으로 뱀을 만들어서 장대에 매달아 놓으라고 명한다. 그 위에 있는 놋뱀을 바라보는 사람마다 살 것이라고 말씀하신다. 뭐 어려운 일도 아니다. 바라보기만 하라는 것이다. 어떤 사람들은 그 놋뱀을 보고 살았다. 하지만 보기만 하면 사는데 많은 백성이 그 놋뱀을 보지 않아 죽었다. 도대체 그 이유가 무엇일까?

온몸이 붓고 죽을 것 같은 고통을 겪는 상황에서 저 뱀을 보면 산다고? 말이 돼? 차라리 그 시간에 열심히 치료나 하자.

놋뱀은 그들을 살리시려는 하나님의 은혜와 사랑이다. 하지만 역설적으로 그 놋뱀은 이스라엘 백성의 범죄함에 대한 심판이다. 왜 놋뱀을 바라보기 싫었을까? 놋뱀을 바라본다는 것은 하나님의 은혜를 바라본다는 것이다. 그러나 동시에 자신의 죄를 인정하고 마주한다는 것이다. 놋뱀은 바로 나의 죄에 대한 심판을 상징한다. 놋뱀을 바라보는 순간 내 죄와 마주해야 한다. 그 놋뱀을 바라볼수록 끊임없이 하나님을 원망하고, 이집트의 죄악된 생활을 그리워하던 자신의 죄만 드러날 뿐이다. 당연히 불편하다.

그럼에도 놋뱀을 바라보았다. 놋뱀 자체에 무슨 능력이 있어서일까? 아니다. 놋뱀은 나의 죄를 고발할 뿐이다. 그래서 절망스럽고 더 이상 바랄 수가 없다. 그럼에도 놋뱀을 보며 바라는 것이 있다. 그러한 죄인조차 사랑하실 수 있는 무한한 하나님의 사랑과 은혜. 근거가 바뀐 것이다. 이렇게 놋뱀처럼 저 위의 영역에서 들려진 것이 또 하나 있다. 바로 독생자다.

모세가 광야에서 뱀을 든 것같이 인자도 들려야 하리니 이는 그를 믿는 자마다 영생을 얻게 하려 하심이니라 요 3:14-15

예수님은 이 말씀을 니고데모에게 해 주고 싶으셨다. 저 위에 들려진 십자가를 바라보고 믿는 자마다 영생을 얻게 된다는 것이다. 즉 저 위의 영역에서 영으로 태어난다는 것이다. 그러면 여기서 '그를 믿는다는 것'은 도대체 무엇일까? 그래서 이 유명한 요한복음 3장 16절이 탄생했다.

> 하나님이 세상을 이처럼 사랑하사 독생자를 주셨으니 이는 저를 믿는 자마다

'저를 믿는다는 것'은 예수님이 십자가에서 나의 죄를 대속하기 위해 죽었다는 것을 믿으라는 것일까? 천국에 간다는 것을 믿으라는 것일까? 이것은 교리적인 믿음이다. 너무 많이 들었기에 습관적으로 믿어지는 것이다. 혹은 그냥 머리에서만 믿는 것이다. 즉 인간의 영역이라는 것이다. 그 안에서는 영으로 태어나지 않는다.

'저를 믿으라'는 것은

'저를 믿는다는 것'은 "하나님이 나를 이처럼 사랑하사 저 위에서 독생자로 죽을 수밖에 없으셨다"라는 것을 믿으라는 것이다. 저 위에 들려진 무한한 사랑이 바로 나를 위한 하나님의 처절한 사랑이라는 것이다. 이것을 믿으라는 것이다. 그런데 믿는 순간 그 사랑은 내 안에 감추어져 있던 허물을 드러낸다. 스스로 남

보다는 괜찮다는 그 인간의 의(n-1)를 완전히 무너뜨린다. 그래서 한없이 나의 죄와 허물, 연약함으로 인해 슬퍼하고 절망하게 된다. 바랄 수가 없게 된다.

바로 그때 저 위에 무한한 사랑(n^2)이 우리를 비추면서 이렇게 말하는 것이다.

"바로 그 너의 허물 때문에 네가 아파하고 죽어 가는 것을 보고 있을 수만 없었어. 그것이 내게 참을 수 없는 아픔이 되었고 그래서 하나님이라는 자리를 박차고 나와서 너와 같은 인간이 될 수밖에 없었어! 너와 같은 인간이 되어야, 바로 지금 네가 아파하는 그 고통과 아픔을 온전히 감당할 수 있기 때문이야. 너와 같은 죄인이 되어야, 내가 십자가에서 너의 죗값을 온전히 대속할 수 있기 때문이야. 그래야 온전한, 완전한 구원이기 때문이야. 도무지 다른 방법이 없었어. 하나님은, 나는 사랑이기 때문이야!"

믿지 않기에 그 사랑을 외면하다

저 위에 들려진 독생자를 통해 나타난 사랑이 우리를 비출 때 우리가 할 수 있는 선택은 두 가지다. 요한복음 3장 17-21절에는 이 선택이 극명히 드러나 있다. 우선 저 위에서 우리를 향해 비추는 그 무한한 사랑을 외면하는 것이다. 그 이유는 명확하다.

> 악을 행하는 자마다 빛을 미워하여 빛으로 오지 아니하나니 이는 그 행위가 드러날까 함이요 요 3:20

그 사랑을 외면하는 이유 또한 구체적으로 적시한다.

> 빛이 세상에 왔으되 사람들이 자기 행위가 악하므로 빛보다 어둠을 더 사랑한 것이니라 요 3:19

빛의 존재를 거부할 수는 없다. 지금 나를 비추고 있기 때문이다. 저 위에 독생자를 바라보는 순간, 지금 나를 향해 쏟아 내고 있는 하나님의 사랑을 부인할 수 없다. 마치 아브라함이 비록 셀 수는 없지만, 지금 눈에 확실히 보이는 뭇별의 세계를 부인할 수 없는 것처럼 말이다. 그런데 아브라함과 달리 '악을 행하는 자'는 그 빛을 부인한다. 아니 미워한다. 더 사랑하는 것이 있기 때문이다. 나의 n-1의 세계다. 그래도 남보다는 괜찮다고 주장한 나의 '의'가 사실은 거짓과 위선이었음이 낱낱이 드러나는 것이 싫다. 그래서 그 죄를 위해 인간이 되셔서 저 위, 십자가에 달려 나를 바라보시는 그 사랑의 눈빛에 급히 등을 돌린다. 나의 죄와 허물을 감추느라 정신이 없다. 그렇게 나의 세계를 사랑한다. 그 이유를 요한복음 3장 18절은 이렇게 말한다.

독생자의 이름을 믿지 아니하므로

'나는 사랑이야' 하고 나타난 독생자의 이름을 내가 이해되는 사랑의 수준과 범주 안에 가두어 버린다. 내가 쌓아 놓은 것을 더 사랑하기 때문이다. 그러면서 '놋뱀을 본다고 나아? 말이 돼? 2천

년 전에 십자가에서 죽은 예수님이 어떻게 나를 구원해? 차라리 내가 열심히 착한 일하고 선하게 사는 것이 더 합리적이지'라고 말한다. 성경은 이 사랑을 믿지 않는 것 자체가 심판이라고 말한다. 그 이유는 간단하다. 저 위에서 영으로 태어나 본 적이 없기 때문이다. 그러면 육으로만 산다. 그 육체가 소진하고 끝날 때, 그 끝은 영원한 사망인 것이다.

사랑하는 삶이

영생이다

_____

_____

믿는 것과 영생을 얻는 것의 관계

독생자로 나타난 하나님의 사랑을 믿는 것과 영생을 얻는 것, 즉 영으로 태어나는 것은 도대체 어떤 관계가 있을까? 그 사랑을 믿음으로 어떻게 영으로 태어난다는 것일까?

하나님은 우리를 창조하셨을 때 그 하나님을 알고 교제할 수 있도록 하나님의 영을 우리에게 불어넣어 주셨다. 이 영이 없으면 인간은 그냥 육체와 정신으로 사는 것이다. 그런데 아담으로 인해 죄가 인간에게 들어왔다. 죄에는 반드시 심판이 있다. 그 첫 번째 심판이 정죄감이다. 그래서 죄인은 거룩한 하나님 앞에 나아갈 수 없다. 하나님과 교제할 수 없다. 당연히 그 교제의 통로인 영이 살아 있지 못하고 죄와 함께 묶이게 된다. '거듭난다'는 것은 죄에 대한 정죄감으로 묶여 있던 영이 풀리고, 다시 태어나 하나님과 다시 교제할 수 있게 된다는 것이다.

어떻게 그 영이 태어나는가? 저 위에 들려진 독생자를 믿을 때다. 위에서 임하는 빛으로 인해 한없이 부끄러워지고, 나의 모든 것이 무너지는 아픔이 있지만, 그런 죄인에게 임하는 더 높은 사랑을 감당할 수 없어 그냥 그 사랑에 굴복하는 것이다. 그러면 더 이상 그 사랑 앞에서 "하나님 아직 저는 죄인입니다. 당신의 사랑도 나의 이런 모습은 감당할 수 없어요. 그 사랑 가지고는 나 같은 것 용서하고 치유할 수 없어요. 더 큰 사랑이 필요해요" 이럴 수 없다. 그 사랑에 대한 반응 역시 so that의 의미가 포함된다. 그 사랑이 너무 크고 높고 위대해서, 나의 죄와 허물로 제한될 수 없기에 그냥 받아들일 수밖에 없는 것이다.

영생을 산다는 것

그 사랑을 영접하려 할 때 두 가지 힘이 크게 충돌한다. 죄의 법과 성령의 법이다. 영을 묶고 있는 죄의 세력은 빛이 비출수록 더욱더 우리를 정죄한다. 그 사랑을 바랄 수 없게 하는 것이다. 그런데 바로 그때 저 위에서 "그래서 독생하신 하나님이 너를 위해 저 십자가에서 정죄당했어!" "그리스도께서 우리를 위하여 죽으심으로 하나님께서 우리에 대한 자기의 사랑을 확증하셨어!"(롬 5:8)라고 선포한다. 죄가 더한 곳에 은혜가 더욱 넘치는 성령의 역사다.

> 자기 아들을 아끼지 아니하시고 우리 모든 사람을 위하여 내주신 이가 어찌 그 아들과 함께 모든 것을 우리에게 주시지 아니하겠

• 느냐 누가 능히 하나님께서 택하신 자들을 고발하리요 롬 8:32-33

독생자를 믿는다는 것은 그 무한한 사랑이 나의 '의'을 죽이고 내 n-1의 세계를 완전히 무너지게 했다는 의미다. 그러면 '그를 믿는 자' 안에서는 죄의 세력이 힘을 쓸 수가 없다. 성령이 더욱 역사하여, 그 사랑을 받아들이는 것 외에는 다른 방도가 없다. 그 사랑을 받아들이기 위해서는 영이 살아야 한다. 그 영만이 그 사랑을 알고 영접하고 교제하기 때문이다.

바로 이때다. 성령의 역사가 우리의 영을 결박하고 있던 죄의 세력을 깨뜨린다. 그래서 바울은 로마서 8장 1-2절에서 이렇게 말한다.

> 그러므로 이제 그리스도 예수 안에 있는 자에게는 결코 정죄함이 없나니 이는 그리스도 예수 안에 있는 생명의 성령의 법이 죄와 사망의 법에서 너를 해방하였음이라

죄로 눌려 있던 영이 다시 태어나 영생을 살기 시작하는 것이다. 영생을 산다는 것은 영원히 죽지 않고 산다는 것이 아니다. 그러면 지옥에서 죽지 않고 영원히 심판당하는 것도 영생일 것이다. 영생 역시 삶이다. 그런데 그 삶의 근거가 바뀐다. 나로 인함이 아니다. 저 위에서부터 한량없이 쏟아지는 하나님의 사랑이 삶의 근거가 된다. 거듭난다는 것은 절대적 관계의 중심이 바뀌었다는 뜻이다. 무한한 그 하나님의 사랑을 받는 삶, 그 사랑으로

하나님과 교제하고 이웃을 사랑하는 삶, 이것이 영생이다. 요한복음 15장에서 예수님은 이 영생을 농부와 포도나무 그리고 가지로 비유하셨다.

> 아버지께서 나를 사랑하신 것같이 나도 너희를 사랑하였으니 나의 사랑 안에 거하라… 내가 너희를 사랑한 것같이 너희도 서로 사랑하라 요 15:9, 12

그래서 요한복음 4장은 육으로서는 손가락질 받았지만, 이제 그리스도를 통해 영으로 예배하게 된 사마리아 여인을 소개하는 것이다.

> 하나님은 영이시니 예배하는 자가 영과 진리로 예배할지니라 요 4:24

우리는 영으로 하나님과 교제한다. 찬송을 부르다가 갑자기 눈물이 나고 만물을 보고 하나님의 사랑이 느껴져 아름답기 그지없다. 그분이 그리워 새벽마다 잠을 설치고 그분 앞에 나아간다. 아무리 친한 친구라도 일주일에 2~3시간씩 정기적으로 시간을 내어 주지 못한다. 그런데 우리는 주일을 온전히 그분과 함께 보낸다. 육으로 얼굴을 보면서 밥 먹으며 교제하는 것이 아니다. 영으로 하는 것이다.

영생의 근거, 하나님은 사랑이다

그런데 영으로 태어나 보지도 않았다. 육체로만 살았다는 것이다. 더 잘 먹고, 더 잘 입고, 더 크고 안락한 집에서 즐기다가, 즉 n-1의 세계에만 살다가 죽었다. 그런 자가 죽어서 갑자기 영으로 태어나서 하나님과 교제할 수 있을까? 육으로만 태어난 사람이 절망적인 것은 그 육의 죽음이 바로 완전한 사망이라는 것이다. 우리가 두려워해야 할 것은 육의 죽음이 아니다. 이 죽음이 완전한, 영원한 죽음이 되는 것이다.

많은 철학자들은 이러한 죽음의 의미에 동의한다. 《죽음이란 무엇인가》를 쓴 예일대 교수 셸리 케이건(Shelly Kagan)이 대표적이다. 그는 인간의 죽음이 정말 완전한 끝이어야 한다고 말한다.

"나는 죽음이 나의 진정한 종말이라고 생각한다. 죽음은 나의 끝이자 내 인격의 끝이다. 이는 지극히 단순한 사실이다. 죽음은 그야말로 모든 것의 끝이다."

그래야 죽음이 주는 위대한 선물을 누릴 수 있기 때문이다.

"정말로 중요한 건 이것이다. 우리는 죽는다. 때문에 잘 살아야 한다. 죽음을 제대로 인식한다면 인생을 어떻게 살아야 하는지에 대한 행복한 고민을 할 수 있다."

미치 앨봄(Mitch Albom)이 쓴 《모리와 함께한 화요일》에서 루게릭병으로 죽어 가는 모리 교수는 이렇게 말한다.

"어떻게 죽어야 할지 배우게 되면 어떻게 살아야 할지도 배울 수 있다네."

죽음이 인간을 겸손하게 해서 더 많은 것을 사랑하고, 용납하고, 받아들이게 한다는 것이다.

이 '죽음'이라는 한계를 인정하고 제대로 배운, 적지 않은 비기독교인들 중에 훌륭한 삶을 사는 사람들이 있다. 그런데 많은 기독교인은 예수님을 믿으면서도 많은 것을 움켜쥐지 못하면 불안해하고 자신의 생각대로 되지 않으면 염려한다. 아직 내가 죽지 않아서다. 즉 독생자로 나타난 하나님의 사랑을 완전히 믿지 못하는 것이다. n-1의 세계로 살기 때문에, 내가 남보다 부와 선을 더 많이 쌓아 놓아야 그 근거로 평안을 누릴 수 있는 것이다.

물론 무한한 사랑(n^2)을 믿는다 해도 우리는 아직 육신의 삶을 산다. n-1의 법에서 완전히 벗어날 수 없다. 육신은 아직도 죄의 지배 아래 놓여 있다. n-1의 현실 세계는 아브라함처럼 힘들다. 현실을 생각하면 슬프고 힘들어서 눈에서 눈물이 난다. 그런데 예배를 드리면 형언할 수 없는 기쁨을 누리게 된다. 육이 아닌, 정신이 아닌, 영이 기뻐하는 것이다. 걱정과 불안이 있어야 정상인데, 내 영이 평화를 누린다.

"예수를 나의 구주 삼고 성령과 피로써 거듭나니 이 세상에서 내 영혼이 하늘의 영광 누리도다."

그래서 예수님을 믿으면 죽어서 하늘나라 가는 것만이 아닌, 반드시 여기서 하늘의 영광을 누려야 하는 것이다. 지금 살아 있는 하나님과 영으로 교제하기 때문이다.

육이 살아 있을 동안 영으로 태어나서 하나님과 교제하다 육체가 죽었다. 그러면 나를 사랑하셨던 하나님이 "하는 수 없다. 이제 다른 사람 찾아봐야겠다" 이렇게 하실까? 하나님이 우리와 육으로 교제하신 것이 아니다. 영으로 하신 것이다. 영생을 영어로 'eternal life'라고 한다. 여기서 eternal은 단지 영원히 죽지 않는 다는 뜻이 아니다. 아브라함과의 관계처럼, 하나님과의 사랑의 관계는 우리 육체의 한계로 인해서 제한되지 않는다. 하나님은 영원한 존재이시다. 그리고 하나님은 사랑이시다. 사랑은 혼자 할 수 없다. 그러므로 그분이 사랑으로 존재하는 한 그가 사랑하는 것도 영원해야 한다. 이것이 우리 영생의 근거다.

바울은 "우리 주를 죽은 자 가운데서 살리신 이를 믿는 자"들이 얻는 영생이 무엇인지 로마서 8장에서 구체적으로 선포한다.

> 누가 정죄하리요 죽으실 뿐 아니라 다시 살아나신 이는 그리스도 예수시니 그는 하나님 우편에 계신 자요 우리를 위하여 간구하시는 자시니라 누가 우리를 그리스도의 사랑에서 끊으리요 환난이나 곤고나 박해나 기근이나 적신이나 위험이나 칼이랴… 그러나 이 모든 일에 우리를 사랑하시는 이로 말미암아 우리가 넉넉히 이기느니라 내가 확신하노니 사망이나 생명이나 천사들이나 권세자들이나 현재 일이나 장래 일이나 능력이나 높음이나 깊음이나 다른 어떤 피조물이라도 우리를 우리 주 그리스도 예수 안에 있는 하나님의 사랑에서 끊을 수 없으리라 롬 8:34-35, 37-39

철학자들이 말하는 그 인간의 완전한 끝, 그 한계인 사망까지도 끊을 수 없는, 넘어서는 무한한 하나님의 사랑이 우리의 영생과 부활의 소망인 것이다.

이제 본격적인 질문에 들어갈 차례다. 이렇게 믿음으로 영생을 얻는 자들은 이 세상에서 어떠한 삶을 살 수밖에 없는가? 이러한 영생의 삶이 이 세상에 어떻게 천국을 임하게 하는가? 믿음이 어떻게 세상과 소통될 수 있어서 역사를 변화시킨 원동력이 되어 왔는가? 4장에서 내가 제2의 로마서라고 말하는 《레미제라블》을 분석하면서 이 질문들에 대한 답을 찾아보면 좋겠다.

/ uncomfortable /

4장

인문학으로 푸는
믿음의 공식

제2의
로마서,

레미제라블

———
———

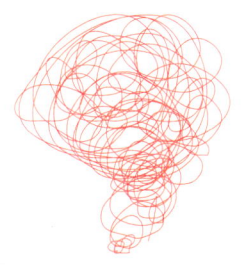

내일의 희망이 없는 사람들

기독교를 비기독교인들 특히 대학생들과 소통하는 일을 하는 사람으로서 가장 고마운 사람이 있다. 바로 프랑스의 대문호 빅토르 위고(Victor Marie Hugo 1802-1885)다. 나는 그의 소설 《레미제라블》(Les Miserable)을 제2의 로마서라고 말한다. 2012년에 뮤지컬로 제작된 영화 〈레미제라블〉은 원작의 사상을 충실히 살렸다. 이 영화를 꼭 책과 함께 보기를 추천한다.

레미제라블은 '불쌍하고 비참한 사람들'이란 뜻이다. 무엇인가를 기대하고 소망하고 싶어도 전혀 기대할 수 없는 사람들의 이야기인 것이다. 책은 의도적으로 프랑스 역사상 가장 절망적인 상황에서 비참하게 살아야 했던 사람들을 배경으로 한다. 그래서 그들은 이렇게 노래한다.

"해지고 밤이 되어도 변한 건 없지. 우리에겐 그날이 그날일 뿐 산다는 건 싸움과 투쟁뿐이야. 내일이 와도 무슨 의미가 있을까?"

굶주린 조카딸을 위해 빵 하나를 훔쳐서 19년을 감방살이를 해야 했던 장발장, 아이를 숨겨 공장에서 쫓겨나 거리의 여자로 전락하여 죽는 판틴, 여관 주인 부부의 억압에 시달려야 했던 판틴의 딸 코제트, 희망 없이 그저 거리에서 싸구려 사랑을 사고팔아야 오늘을 살 수 있는 여인들, 가난과 질병으로 죽어 가는 어린이들, 그들의 삶이 비참한 이유는 내일에 소망이 없기 때문이다.

《레미제라블》은 전쟁과 아픔, 억압과 폭력이 가득한 이 세상에 과연 내일이 있는가? 있다면 어떻게 그 내일을 소망할 수 있는가를 묻는다. 이 질문은 사실 신학적인 질문이다. 믿음으로 얻는 영생으로 어떻게 하나님의 나라를 비참한 세상 가운데 도래시킬 수 있는가? 어떻게 믿음으로 이 땅에서 천국의 삶을 살 수 있는가? 이 질문에 답하는 사람이 있다. 아이러니하게도 이 모든 인물들 중에서 가장 비참했던, 감히 내일을 바라래야 바랄 수 없었던 장발장이다.

법이 정말 공평해?

장발장에게 비참한 절망을 가져다준 것은 정의의 수호라는 세상법이다. 굶주린 조카딸을 위해 빵 한 조각 훔친 이유로 19년 동안 감옥 생활을 해야 했다. 이것이 과연 정의일까? 법의 수호자 자베르는 죄에 대한 정당한 대가라고 말한다. 장발장은 나는 법의 노예라고 항변한다. 법은 그에게 폭력이라는 것이다. 정의가 서로 다르다. 자신만의 n-1 셈법이 다르기 때문이다. 가석방되어

나오지만 장발장은 여전히 죄인이다. 하지만 장발장은 "죄인은 저들이야"라고 외치며 "그들이 내게 한 짓을 용서할 수 없다"고 다짐한다. 사실 예수를 십자가에 못 박은 로마법, 그리고 율법 역시 자베르처럼 이렇게 말한다. "너 죄지었어? 그럼 영원한 죄인이야! 그리고 그 대가는 죽음이야." 그렇게 장발장은 영원한 죄인으로 낙인찍혀, 그 어떤 사람에게도 환영받지 못한다. 죄인인 우리 인간이 당하는 저주다.

세상에 의해 버림받았던 장발장을 미리엘 주교는 가장 귀한 손님으로 맞아 준다. 은식기와 풍성한 식사 그리고 편안한 잠자리로 섬긴 것이다. 그런데 장발장은 그 사랑의 대가로 은식기를 훔친다. 왜 훔쳤을까? 단지 탐이 나서였을까? 그의 n-1의 공식에서 그 행위는 정당했기 때문이다.

빵 하나로 19년을 노예로 살았다. 약 천 원의 빵 한 개 값으로 19년의 임금 10억 정도를 강탈당했다. 그것도 정의라는 이름으로. 자기가 노력한 것이든 혹은 자기가 받은 피해든 자신의 계산에서 n의 값은 커지게 마련이다. 10억 원 vs. 천 원, 그 어떤 것으로 이 값을 보상 받을 수 있을까? 피해의식이 쌓인다. 법으로써 보상 받을 길은 없다. 법이 주는 피해는 스스로 보상해야 한다. 이것이 법의 무자비한 폭력 속에서 장발장이 살아가야 하는 방식이요, 그나마 자신의 정의를 실현할 수 있는 방법이다. 그래서 '눈에는 눈, 이에는 이'라는 자신만의 '보응의 법'을 외치며 은식기를 훔쳐 달아난 것이다.

그런데 그럴수록 더욱 율법의 정죄에 사로잡히게 된다. 장발장을 잡은 경관들은 "거봐, 너는 역시 죄인이야. 어쩔 수 없어" 하며 그를 주교 앞에 내동댕이친다. "너에게는 사실 19년도 부족하단 말이야!" 장발장은 그런 그들을 싸늘하게 응시한다. "너희는 뭐가 다른데!" 이렇게 세상은 서로 다른 정의의 셈법과 보응의 법으로 갈등하며, 벽과 담을 세운다. 바로 이 담을 상징하는 것이 영화에서는 '바리케이드'다. 서로 다른 n-1로 인해 서로를 향해 쌓는 분노와 증오의 '담'이다.

놀랍지 않으면 사랑이 아니다

하지만 그 엄청난 '담'을 한순간에 무너뜨리는 것이 있다. "예 맞습니다. 내가 준 것입니다. 그런데 왜 당신은 가장 좋은 것을 놓고 갔소!" 하며 은촛대를 장발장에게 건네준 사람이다. 바로 미리엘 주교다. 모두의 예측과 기대를 뛰어넘는다. 무한성이다. 기대와 예측대로 움직이면 사랑이 아니다. 놀라운 주교의 무한한 사랑이 서로 다른 n-1의 공식을 무너뜨린다.

그 담이 허물어짐과 동시에 저 위로부터 놀라운 빛이 장발장에게 임한다. 미리엘 신부는 그 빛이 바로 태초부터 장발장을 사랑했던 주님의 빛이라고 소개한다. 예수님의 보혈의 피가 율법과 보응의 법이 주는 그 어두움에서부터 그를 구했다고 말한다. 이제 당신은 하나님의 귀한 새 자녀라고 선포한다. 저 위에 독생자를 통해 나타난 하나님의 사랑을 경험한 것이다.

예수의 십자가가 있고 그 위 창문에서 빛이 장발장에게 임한다. 그 무한한 사랑(n^2)은 나름 옳다고 생각했던 장발장의 n-1의 세계의 본질을 드러내고 또 무너뜨린다. 장발장의 세계(n-1)와 독생자의 사랑(n^2) 간에 전쟁이 벌어지는 것이다.

n-1: 제가 무슨 짓을 한 겁니까? 낮에는 훔치고, 밤에는 또 개처럼 도망 다닌 거야. 아! 너무 타락했어, 이젠 너무 늦어 버렸어. 남은 건 울부짖음과 증오뿐이야!

n^2 : 하지만, 여기서 내 인생이 전환될 수 있을까?

n-1: 아니야! 다른 길이 있다 해도 벌써 20년 전에 있어야 했어. 내 삶은 이기지 못하는 전쟁이야. 그들은 나를 번호(24601)와 사슬로 죽여 버렸다고. 단지 빵 한 조각 훔친 죄로.

n^2 : (음악이 바뀌며) 왜 이분은 다를까? 내 영혼을 만지고 사랑을 가르치네. 날 믿어 주고 형제라 불러 주네. 내 인생을 위해 기도해 주었어. 어떻게 이런 나를 사랑할 수 있지? 나는 세상을 이토록 증오하는데.

n-1: (음악이 빨라지며) 아니야! 이에는 이! 눈에는 눈이야! 아니야. 마음을 단단히 먹어. 이것이 내가 살아온 방식이야. 그럴 수밖에 없었다고!

n^2 : (다시 음악이 바뀌며) 그가 한마디만 하면 다시 투옥돼. 그런데 그는 대신 자유를 줬어. 오! 수치심이 칼날처럼 꽂혀 오네. 그런데 그는 나에게도 영혼이 있다고 했어. 그가 어떻게 알지? 어떤 영혼이 내 인생을 바꾸지? 과연 다른 길이 있을까?

이제 장발장의 노래는 절정에 다다른다.

"뻗어 보지만, 추락하네."

무한한 하나님의 사랑을 인정하면, 지금까지 '의'라고 여기던 그의 세계가 죄로 가득한 허공의 세계가 되어 버린다. 그 빛을 외면하고 싶지만 너무 강해 외면할 수가 없다(God's love is so powerful that he cannot avoid it). 장발장은 그 사랑 앞에 굴복한다. n^2이 자신의 $n-1$의 세계를 무너뜨리도록 하는 것이다. 그리고 이렇게 외친다.

"이제 그런 세상에서 벗어날 거야! 그 장발장의 세계에서! 이제 장발장은 없어. 다른 이야기가 시작되어야 해."

장발장은 자기를 묶고 있던 율법의 사슬, 죄인 증명서를 찢어 버린다. 그의 영혼을 사로잡고 있던 죄의 법이 깨어지고 영으로 태어나는 것이다. 그리고 이제는 은혜의 법, 성령의 법 아래에서 하나님과 교제하며 하나님께 받은 사랑을 이웃들에게 흘리면서 새로운 이야기를 써 나간다. 영생을 사는 것이다. 〈레미제라블〉은 새로 태어난 장발장의 영생이 어떻게 소망이 없는 이 세상에서 하나님 나라의 이야기를 써 내려가는지를 보여 준다.

무한한 사랑을 받은 죄인이라

그러나 장발장에게 내일의 희망이 바로 보이지는 않는다. 아직 그의 본명은 24601이다. 죄의 법은 그를 쫓아온다. 장발장의 정체를 파헤친 자베르는 끝까지 포기할 줄을 모른다. 우리가 영적 존재로서 하나님과 교제하는 영생을 산다 해도 어느새 죄의 본성에 이끌려 죄의 사슬에 매여 있는 우리를 발견하게 되는 것이다. 장발장은 법관 앞에서 이러한 자기의 정체를 고백한다. "Who am I (나는 누구인가)? 24601!" 이것이 로마서 7장 24절에서 사도 바울의 고백이다. "오호라 나는 곤고한 사람이로다 이 사망의 몸에서 누가 나를 건져내랴." 그럼에도 사도 바울은 다시 이렇게 외치지 않는가?

> 우리 주 예수 그리스도로 말미암아 하나님께 감사하리로다⋯ 그러므로 이제 그리스도 예수 안에 있는 자에게는 결코 정죄함이 없나니 롬 7:25, 8:1

장발장 역시 본질적으로 죄인이다. 하지만 그 죄인을 사랑하는 하나님의 사랑이 더 크다는 것을 안다. 그 사랑은 자신을 더욱 죄인 되게 한다. 그래서 그가 할 수밖에 없는 것이 있다. 나 같은 죄인을 사랑하는 그 취약한(vulnerable) 사랑으로 인해 장발장 역시 취약해(vulnerable)져서, 연약하고 아픈(vulnerable) 사람을 보면 어쩔 수 없이 사랑을 흘려 주는 것이다. 이것이 로마서 8장 5절에서 말하는 '영의 일'이다.

육신을 따르는 자는 육신의 일을, 영을 따르는 자는 영의 일을 생각하나니… 누구든지 그리스도의 영이 없으면 그리스도의 사람이 아니라… 그의 영으로 말미암아 너희 죽을 몸도 살리시리라 그러므로 형제들아 우리가 빚진 자로되 육신에게 져서 육신대로 살 것이 아니니라 너희가 육신대로 살면 반드시 죽을 것이로되 영으로써 몸의 행실을 죽이면 살리니 **롬 8:5, 9-13**

그런즉 이제는 내가 사는 것이 아니요 오직 내 안에 그리스도께서 사시는 것이라 이제 내가 육체 가운데 사는 것은 나를 사랑하사 나를 위하여 자기 자신을 버리신 하나님의 아들을 믿는 믿음 안에서 사는 것이라 **갈 2:20**

3장에서 우리는 믿는다는 것은 무한한 사랑으로 나의 세계(n-1)가 죽는 것이라고 했다. 그럼 이 믿음 안에서 산다는 것은 무엇일까?

그 사랑에 한없이 빚진 자가 되는 것이다. 이것을 예수님은 일만 달란트의 비유로 설명하신다. 일만 달란트는 6~10조나 되는 돈이다. 그런데 아무 조건 없이 이 어마어마한 돈을 탕감 받았다. 아무 조건 없이 6조를 탕감 받게 되면 100데나리온 빚진 상대에게 어떻게라도 천만 원을 받아 내겠다는 내 의지가 (몸의 행실이) 죽어진다. 일만 달란트의 은혜 아래에서는 n-1의 공식이 무의미해지는 것이다. 이렇게 서로 다른 n-1 셈법으로 인해서 세워졌던 세상의 담과 벽들도 허물어진다. 바랄 수 없는 사랑에 의탁했다면, 그 믿음은 내가 높이 세웠던 n-1의 담을 넘어 더 낮은 곳, 가난하고 아픔이 가득한 곳으로 조건 없이 흘러가게 한다. 이것이 믿음 안에서 산다는 것이다.

장발장은 자기가 받은 그 놀라운 사랑을 조금씩 옆에 있는 이웃에게 흘려보낸다. 그 흐름이 축복이 되어 그는 시장까지 된다. 장발장은 더 연약하고 아픈 자들을 보면 그곳이 길거리든, 공장이든, 분노와 전쟁의 바리케이드 속이든, 파리의 하수구든, 자기가 받은 사랑을 어쩔 수 없이 흘려보낸다. 오늘 장발장이 흘린 사랑이 어떻게 내일의 희망 즉 하나님의 나라를 이 땅에 만들어 가는지 보여 주는 것이 이 영화의 주제다.

자베르의 세계

절망 가운데 희망을 얻기 위한 두 번째 세계가 있다. 바로 자베르로 대표되는 율법의 세계다. 자베르가 부르는 '별들'(Stars)의 노래는 자베르의 n-1의 세계를 잘 표현한다.

"놈은 암흑 속에 살고 나는 주의 길을 간다."

자베르의 n-1의 세계에서 장발장은 1이 되고 범죄자를 많이 잡을수록 자베르의 n값은 커진다. n(자베르)과 1(장발장)은 본질적으로 다르다. 가치 없는 범죄자들은 대가를 치르고 지옥에 떨어져야 한다. 하지만 "정의의 길을 따르는 자는 축복을 받는다."

"반드시 그래야만 해. 그게 천국의 법칙(n-1)이지!"

자베르는 노래한다. 그는 '정의의 사도'가 되어 끝까지 장발장을 찾아 심판하려 한다. 그래야 n이 커져서 천국의 법칙으로 보상을 얻기 때문이다.

이 천국의 법칙을 만드는 근거가 바로 '별'들이다. 아브라함은 뭇별을 통해 자신의 세계를 넘어서는 무한한 하나님을 경험했지만, 자베르에게 별은 자신이 만든 n-1의 세계를 지켜 주는 수호신이다. 자베르에게 별들은 무한성으로 인한 혼란 중에도 일정한 지향성, 즉 질서와 법을 만들어 주기 때문이다. 그래서 그는 이렇게 노래한다.

"수많은 별, 세기 힘들 만큼 밤하늘을 채워 어두움을 밝히네. 질서 정연한 근위병처럼 묵묵히 서서 밤을 지키네. 제자리에 서서 목표한 한 곳만 바라보지. 계절이 바뀌어도 언제나 그 자리에."

하지만 자베르가 수호하려는 질서는 결국 가진 자들의 기득권만 유지시켜 줄 뿐이다.

이렇게 자기가 쌓아 놓은 '의'와 '행위'로써 보상을 받으며 내일의 희망을 바라는 자들에게 은혜는 참으로 견디기 힘든 것이다. 은혜는 자기가 평생을 공들여 쌓아 놓은 자기 세계의 질서와 안정성(security)을 한 번에 무너뜨리기 때문이다. 누구나 공짜로 은혜를 받는다면 평생 수고해서 만든 공든 탑이 무너질 수밖에 없다. 8시간 일한 사람과 1시간 일한 사람이 같아서는 안 된다.

장발장은 자신의 과거의 공식, '눈에는 눈'으로 자신을 심판하려는 자베르를 죽일 수 있었다. 그런데 그는 아무 조건 없이 자베르를 풀어 준다. 또한 목숨을 걸고 코제트가 사랑하는 마리우스를 구해 낸다. 바로 이 지점에서 장발장의 세계와 자베르의 세계가 정면으로 충돌한다. 율법의 법과 은혜의 법이 충돌하는 것이다.

이제 자베르 역시 장발장을 통해 자신의 공식으로는 도저히 이해할 수 없는 무한한 은혜를 경험한다. 그러나 그 은혜를 인정하는 순간 치열하게 살아 낸 그의 삶의 기준과 가치가 무너져 버린다. 장발장이 베푼 사랑 때문에 자베르의 $n-1$ 세계와 그 세계를 초월하는 n^2의 세계가 정면으로 충돌하게 된 것이다.

이제 자베르 역시 장발장을 통해 경험한 무한한 n^2의 세계를 노래하기 시작한다.

> $n-1$: 대체 어찌 악마가 이럴 수 있단 말인가? 날 죽이면 그걸로 끝인데. 과거는 잊고 새 출발 할 수 있는데! 칼만 휘두르면 되는 거였어. 복수할 수 있었는데 날 살려 줬어! 도둑에게 자비를 구하다니. 놈의 자비에 침을 뱉자. 그렇다고 놈을 놔 주다니. 난 법을 지켰을 뿐이야. 법은 틀리지 않아! 그 놈과 난 양립할 수 없어. 장발장이냐, 자베르냐!
>
> n^2 : (음악이 바뀌며) 내 생각들을 버리고 그를 어찌 믿게 됐을까? 그의 죄는 용서될 수 있을까? 지금까지 믿어 온 모든 것이 이제 의심의 대상이 되어 버렸어! 내 가슴은 차갑고, 떨고 있네. 내가 알던 그 세상이 이제 사라져 버린 거야! 이 자는 천국에서

온 자인가? 지옥에서 온 자인가? 그가 베푼 자비가 결국 나를 죽인 거야!

이 싸움 또한 절정에 이른다.

"뻗어 보지만, 추락하네. 이제 돌아갈 곳도 없고, 계속 나아갈 수도 없어!"

무한한 은혜의 세계를 향해 뻗어 볼수록 자베르가 노래했던 '별'의 세계는 검고 차갑게 변한다. 그렇게 빈 허공이 되어 버린다. 더는 존재하지 않는 세상이 되는 것이다. 그래서 n-1의 기존 세계로 돌아갈 수도 없다. 그렇다고 그 은혜의 길(n^2)로 계속 나아갈 수도 없다. 그럴수록 추락하기 때문이다. 이제 그의 선택지는 하나밖에 없다. 스스로 죽음으로써 끝까지 자기의 세계를 지키려 했는지도 모른다. 그렇게 자베르는 빛보다 어둠을 더 사랑한 자가 되었다.

죄인 되어야 의인 된다

내일의 희망을 찾기 위한 세 번째 방법이 있다. 바로 앙졸라를 위시한 혁명 세력들이다. 영화는 1832년 라마르크 장군을 계기로 일어난 6월 항쟁을 소재로 한다. 혁명가들이 이용하는 것이 있다. 인간의 분노와 증오다. 그래서 그들은 노래한다.

"분노한 자들의 노래를 부르는 민중의 함성이 들리는가?"(Do you hear the people sing, singing a song of angry men?)

혁명가들은 백성들의 증오와 분노를 일으키는 데는 성공한다. 하지만 진정한 변화를 이끌지 못하고 실패한다. 분노로 인한 동력은 오래 지속될 수 없기 때문이다. 그렇다고 그들의 피 값이 의미 없지는 않았다. 16년 뒤인 1848년 2월, 민중들은 다시 한 번 바리케이드를 치고 왕정의 전제적 권력에 맞선다. 그리고 마침내 왕정이 타도되고 제2공화정이 수립되었다. 그러나 혁명의 중심이 된 노동자 계급의 급진성으로 인해 중간 계급이 이탈하고 6월의 전투에서 노동자들은 패배한다. 나폴레옹의 조카 보나파르트가 쿠데타를 일으켜 황제가 되어 구질서를 부활시킨 것이다.

1848년 초 민중이 품었던 희망은 1849년 초에 완전한 절망이 되어 버린다. 노동자 계급이 주장하는 n-1의 세계와 부르주아 계급이 유지하려는 n-1의 질서는 화해될 수 없는 높은 바리케이드 사이에서 양립하고 갈등할 뿐이다. 분노와 증오로는 이 바리케이드를 무너뜨릴 수 없다. 더 높고 견고해질 뿐이다. 그럼 무엇이 이 바리케이드를 해체할 수 있을까?

이제 영화의 마지막 장면으로 가 보자. 장발장은 자기 인생을 딸 코제트에게 이렇게 정리한다.

"증오에 가득한 자, 그 증오로 인해 죽을 수밖에 없는 한 죄인에게 사랑이 임했고, 너를 통해 그 사랑을 배워 나갔다."

그러면서 묻는다.

"내 죄가 용서된 거니?"

죄인임을 고백할 때 마리우스는 "용서 받을 사람은 저입니다"라고 말하며 장발장이야말로 자신을 위해 목숨을 던져 구해 준 성자임을 코제트에게 말해 준다.

이 장면은 그리스도인들의 성화 과정을 잘 보여 준다. 그리스도의 사랑으로 인해 한없이 큰 죄인이 된다. 사랑에 빚진 자가 되어 취약해진다(vulnerable). 그래서 더 취약한 자에게 받은 사랑을 아무 조건과 대가 없이 흘려 줄 수밖에 없다. 그래서 타인이 보기에는 성자가 되는 것이다.

장발장은 자신을 끝까지 죄인 '24601'로 고백한다. 자신을 보면 구원의 확신이 없다. 그저 변함없이 자신을 사랑하는 그 사랑에 이끌려 하루하루 살 뿐이다. vulnerability로서의 사랑의 능력은 죄가 더한 곳에 은혜가 더욱 넘치게 한다. 완전한 죄인이 되어 본 사람만이 받은 은혜가 넘쳐 은혜를 자유롭게 흘려보낸다.

이 흘려보내는 행위의 주체는 내가 아니다. 나는 그저 은혜를 흘리는 통로일 뿐이다. '의'의 통로로서만 우리는 의인이라 인정받는 것이다. 흘리는 행위로 의롭다고 인정받는 것이 아니라, 우리가 흘리는 사랑이 진짜 하나님의 사랑이기 때문이다. 인간은 결코 의로운 행위를 할 수가 없다. 내가 '의'라고 생각하는 순간, 바로 나의 보상과 대가의 공식이 따라붙어 다른 이에게 '불의'해지기 때문이다.

이렇게 구원을 얻는다

그래서 구원파같이 자신의 구원을 확신하는 자들은 성화의 길에 들어서기가 힘들다. 당신은 구원을 확신하는가? 그 근거가 무엇인가? 무한한 하나님의 사랑이라 할 것이다. 그렇다. 그런데 그 사랑을 믿는 순간, 그동안 우리가 울타리 안에 차곡차곡 쌓아 놓으며 편안함과 안정을 누리던 삶의 누각이 전부 흔들려 버려야 한다. vulnerable, 취약해지는 것이다.

그런데 구원을 확신하는 대다수 사람들의 근거는 단단한 보장성(security)에 있다. 내 울타리가 더 넓어지고, 더 견고해지고, 더 확실해지는 것이다. 예수님을 믿어서 이렇게 복 받았다, 적어도 이제는 흔들림 없는 믿음에 대한 확실한 지식과 교리가 있다, 적어도 몇 명은 전도했다, 교회를 이렇게 부흥시켰고, 이러한 선교에 대한 열매가 있다….

큰돈을 주고 면죄부를 산 것이다. 행위로 인한 자신의 n-1 숫자가 커지므로 확신을 누린다. 그렇게 되면 자신의 울타리가 연약한 자들에게 취약해지지(vulnerable) 않고 단단해진다(secure). 사랑을 흘릴 필요도, 흘릴 수도 없는 것이다. 즉 하나님의 사랑이 흐르는 통로로 그 사랑에 거하는 영생을 살지 못하는 것이다. 이러한 믿음이 기독교의 능력을 잃게 만들고, 세상에서 지탄을 받는 주범이다.

이제 영화는 클라이맥스로 향한다. 주교로부터 사랑을 받은 장발장은 그 사랑을 판틴에게 흘렸다. 이제 역으로 판틴은 장발장을 그 사랑의 원인이 되었던 주교에게로 이끈다. "이제 영원한 사랑을 받으라"며 축복한다. 그리고 이것이 바로 구원의 길이라고 선포한다.

이제 사랑을 서로 주고받은 주교와 장발장 그리고 판틴은 함께 '구원의 길'을 열어 간다. "이것만은 명심해요, 타인을 사랑하는 자가 주의 얼굴을 볼 수 있다는 것을"(to love another person is to see the face of God). 이것이 기독교의 구원이다. 이 구원으로 얻는 영생을 요한은 이렇게 말한다.

> 사랑하는 자들아 우리가 서로 사랑하자 사랑은 하나님께 속한 것이니 사랑하는 자마다 하나님으로부터 나서 하나님을 알고 사랑하지 아니하는 자는 하나님을 알지 못하나니 이는 하나님은 사랑이심이라 요일 4:7-8

> 어느 때나 하나님을 본 사람이 없으되 만일 우리가 서로 사랑하면 하나님이 우리 안에 거하시고 그의 사랑이 우리 안에 온전히 이루어지느니라 요일 4:12

> 우리가 사랑함은 그가 먼저 우리를 사랑하셨음이라 누구든지 하나님을 사랑하노라 하고 그 형제를 미워하면 이는 거짓말하는 자니 보는 바 그 형제를 사랑하지 아니하는 자는 보지 못하는 바 하나님을 사랑할 수 없느니라 우리가 이 계명을 주께 받았나니 하나님을 사랑하는 자는 또한 그 형제를 사랑할지니라 요일 4:19-21

율법사가 예수님께 묻는다. "율법 중에서 어느 계명이 크니이까?" 예수님의 대답은 "네 마음을 다하고 목숨을 다하고 뜻을 다하여 주 너의 하나님을 사랑하라"(마 22:37)이다. 그 말을 듣는 순간 율법사는 속으로 '그것은 내가 제일 잘하는 것인데' 하며 우쭐댄다. 그러자 예수님은 이렇게 말씀하신다.

> 둘째도 그와 같으니 마 22:39

두 번째 계명도 사실 첫째 계명과 같다는 것이다. 아니 이 둘째 계명으로 인해 그 첫째 계명을 지켰는지가 증명된다는 것이다. "네 이웃을 네 몸과 같이 사랑하라." 예수님이 말씀하신 이웃에는 '원수'도 포함된다. 원수는커녕 유대에서 가장 낮은 자들인 세리와 죄인을 그토록 멸시하는데, 그 세리와 죄인을 더욱 사랑하시는 하나님을 사랑한다는 것은 어불성설이라는 것이다.

이는 형제를 사랑하는 행위로 인해 우리가 구원받는 것을 말하지 않는다.

> 우리가 사랑함은 그가 먼저 우리를 사랑하셨음이라 요일 4:19

그가 먼저 사랑했기 때문에, 우리는 하나님을 사랑이라고 아는 것이다. 그 사랑을 믿으면 나의 '의'가 무너진다. $n-1$의 셈법이 무너지는 것이다. 나의 n값이 커질 때는 어떻게 저런 사람을 사랑할 수 있어 하며 사랑을 흘리지 않아도 될 튼튼한 근거가 있었다. 그런데 무너졌다. 내 모습이나, 나에게 상처를 준 대상이나, 심지어 원수까지라도, 그 차이가 없다. 아니 연약하기에 더 사랑을 흘려보낼 수밖에 없다. 이제 내가 타인에게 흘린 하나님 사랑이 다시 나로 하여금 하나님 사랑 속으로 들어가게 하는 것이다. 그렇게 장발장은 주의 얼굴을 보며 천국에 들어간다. 우리의 영혼이 하나님의 영원한 사랑의 품에 안기게 되는 것이다.

하나님 나라는 이 땅에도 임한다

그런데 천국은 죽어서 하늘나라에 가는 것만을 말하지 않는다. 〈레미제라블〉이 결국 말하고 싶은 것은 이 구원의 사건은 영적인 사건이지만 또한 이 땅의 사건이라는 것이다. 이 땅에 하나님의 나라가 임하는 것이다.

장발장이 주교의 품으로 들어간다. 그리고 그 품을 넘어 장발장이 바라보는 것이 있다. 바리케이드다. 모든 바리케이드가 무너진 세상이다. 바로 주교에서부터 장발장, 그리고 장발장에서부터 사랑을 받은 자들, 또 그들이 이 땅에 흘린 사랑으로 세상의 그 모든 바리케이드가 무너지고 와해된다.

이제 그 하나님의 사랑을 흘린 자들은 붕괴된 바리케이드 위에서 노래를 한다. 더 이상 혁명의 노래가 아니다. 이사야 2장 4절, 칼을 내려놓고 주의 정원에서 쟁기를 들며 함께 기쁨을 누리는 희망의 노래다. 종교와 민족과 언어와 계층이라는 모든 바리케이드를 넘어 하나님의 사랑 가운데 하나를 이루는 천국의 모습이다. 그리스도 안에서 모든 담이 헐린다.

> 너희는 유대인이나 헬라인이나 종이나 자유인이나 남자나 여자나 다 그리스도 예수 안에서 하나이니라 갈 3:28

이 땅에 임하는 하나님 나라의 모습이다. 이렇게 모든 이들이 함께 선포한다. Tomorrow come! 내일의 희망은 이렇게 온다고. 비참한 이 세상 가운데에도 하나님의 나라는 이렇게 임한다고. 아니 예수 그리스도로 이미 우리 안에 임하셨다고. 장발장처럼 무한한 사랑에 의해서 오늘 어쩔 수 없이 타인에게 흘린 그 사랑이 이렇게 내일의 천국을 만든다고!

"나 같은 죄인 살리신 그 은혜 놀라워."

그 놀라운 사랑 앞에 한없이 취약해져서 자신의 n-1 공식이 완전히 무너져 버린 사람이 세상의 바리케이드를 붕괴시킨다.

인류의 역사를
이끈

기독교의 믿음

믿음이 세상과 소통될 수 있을까

한 대학생 청년이 고충을 털어놓았다. 친구들에게 교회 다닌다고 말하는 순간 자신만의 세계에 갇혀 살아가는 외골수 혹은 극보수라는 이미지가 덧씌워진다는 것이다. 세상이 교회를 바라보는 시선도 이와 같다. 대부분의 기독 지성인들이 한국 기독교의 쇠락의 원인으로 배타성과 그로 인한 세상과의 소통 부족을 꼽는다. 믿음의 목적은 교회를 하나님 나라의 왕국으로 만드는 것이 아니다. 교회가 세상에 빛과 소금의 역할을 해서 세상을 하나님 나라로 회복하는 것이다. 그런데 세상과 소통 자체가 되지 않는데 세상에 대한 빛과 소금의 역할을 할 수 있을까?

교회 밖 사람들은 교회가 세상과 소통되지 않는 이유를 기독인들의 '믿음'에서 찾는다. 기독인들은 자신들만 믿으면, 그 믿음으로 다른 이웃들이 불편해하고 거부감을 느껴도, 심지어 사회적 물의를 일으켜도 상관없다고 보는 것이다. 요즘 세상에서 그리스도인으로 살아가는 것은 참 불편하다. 세상에다 우리의 믿음을 내세우기가 몹시 부끄러워졌다. 과연 기독교의 믿음이 인류의 역사를 진보시킬 수 있을까?

멀리서 찾아볼 필요도 없이 우리나라의 역사를 보자. 한국 기독교는 기독교 역사에서 그 유래를 찾아보기 힘들 정도로 큰 부흥을 경험했다. 그 이유를 나는 믿음의 소통 능력이라고 본다. 기독인들이 자신이 경험한 하나님의 무한한 사랑을 세상에 흘렸고, 그 사랑으로 한국 사회를 지배하던 n-1의 법칙이 무너졌기 때문이다. 하나님의 사랑에 취약해져서 세상의 n-1의 법을 무너뜨려야, 믿음이 제대로 세상과 소통해 낸 것이다.

기독교가 들어오기 전 한국 사회는 양반, 중인, 상민, 천민으로 나뉜 신분제도가 사회를 지배하고 있었다. 양반은 수많은 n의 권력과 이득을 누리려 했고, 상민과 천민, 그리고 특별히 여성은 힘없이 착취와 억압을 당해야 했다. 조선 후기 몇 명의 신진학자들이 신식 교육과 문물을 받아들여 백성을 교화시킬 목적으로 기독교를 수용하자고 고종을 설득했다. 그래서 아펜젤러나 언더우드 같은 초기 선교사들은 기독교 교리나 복음을 전파하는 대신 병원과 학교를 세워 기독교의 복음을 세상과 소통해야 했다.

기존 질서에서 기득권을 누리던 양반들은 선교사들이 행한 신진 교육에는 관심이 없었다. 자연히 선교사들의 관심은 신분이 낮아 배우지 못하고, 병들면 죽을 수밖에 없는 가난한 백성들에게 집중되었다. 가난한 상민이나 천민의 자제들이 교회가 세운 학당에 와서 글을 배우고 신식 문물을 경험하며 하나님의 평등사상을 배웠다. 당시 교회를 나간다는 것은 글과 새로운 지식을 배운다는 것을 의미했다.

한편, 선교사가 세운 학교들은 일제와 외세의 억압에 맞서 싸우는 수많은 독립운동가를 배출시켰다. 삼일 운동은 당시 전국적인 조직망을 가지고 있던 교회가 주도했다. 물론 교회는 복음을 전하는 곳이지 교육과 사회사업이 목적이 되어선 안 된다. 선교사들의 목적도 백성들에게 하나님의 사랑을 전하는 것이지 그들을 독립운동가로 만드는 것이 아니었다. 그럼에도 선교사들의 사역이 세상과 소통되어 한국 사회를 변화시킬 수 있었던 힘은 그들의 '믿음'에 기인한다. 그 믿음을 통해 소통된 사랑의 취약성(vulnerability)이 있기 때문이다.

사랑으로 무너진 조선의 신분제도

아펜젤러나 언더우드 같은 선교사들의 목적은 단순히 교회를 많이 세우는 데 있지 않았다. 언더우드는 하나님을 모르는 1300만 명의 백성이 수많은 억압과 가난으로 고통 받고 있다는 소식을 들은 후 "조선은 어찌할 테냐?"라는 하나님의 음성을 들었다고 한다. 그 사랑에 이끌려 반대하는 약혼자와 파혼까지 하고 조선에 왔다. 선교사들을 통해 하나님의 사랑을 경험한 조선의 초기 기독인들 역시 일제에 의해서 고통당하고 억압 받는 나라의 아픔에 취약해져서 자신을 헌신했다. 그렇게 해서 결국 무너진 것이 있다. n-1이라는 신분제도다.

사무엘 무어(Samuel Moore, 1860-1906) 선교사는 1892년 지금의 소공동 롯데호텔 부지에 곤당골교회를 열고 학교를 세웠다. 이 학교 학생 중에 백정의 아들 '봉출'이 있었다. 1894년은 동학운동이 일어났고 그 해 7월에 청일 전쟁이 발발하는 등 온 나라에 전쟁으로 인한 전염병이 창궐했다. 어느 날 사무엘 선교사는 봉출의 아버지가 전염병으로 죽게 되었다는 소식을 듣고, 고종의 주치의였던 애비슨(Olive R. Avision, 1860-1956) 선교사와 함께 방문한다. 애비슨 선교사는 전염의 위험에도 불구하고 몇 날 며칠을 정성껏 치료해서 전염병을 고쳐 준다. 이 충격적인 이야기는 백성들 사이에서 빠르게 퍼져 나갔다. 왕의 주치의가 목숨을 걸고 백정을 치료해 준 그 놀라운(amazing) 사랑을 받은 봉출의 아버지는 곤당골교회에 출석하여 세례를 받고, '성춘'이라는 이름도 얻는다. 당시 곤당골교회에는 양반들이 출석했는데, 양반들은 백정과 함께 예배할 수 없다며 박성춘을 내보내든지 따로 격리해서 예배드리게 해 달라고 요구한다.

사무엘 선교사는 하나님 앞에서 모든 사람이 평등하다면서 이 요청을 거절한다. 양반들은 교회를 떠나 1895년 홍문섯골교회를 세운다. 사무엘 선교사의 사랑에 감격한 박성춘은 백정도 사람 취급 받는 곳이 있다며 많은 백정을 전도하였고 곤당골교회는 곧 백정교회라고 불리게 된다. 그리고 3년 후인 1898년 곤당골교회와 홍문섯골교회는 다시 합하여 지금 인사동에 있는 승동교회가 된다. 공로를 인정받은 박성춘은 1911년 왕손이던 이재정보다 3년 일찍 승동교회 장로가 된다. n-1의 신분제도가 교회 안에서 먼저 무너진 것이다.

장로가 된 박성춘은 당시 내각총서로 있던 유길준에게 '백정 차별금지법'을 제정해 달라는 탄원서를 보냈고, 그 요구가 관철되어 백정도 평민과 똑같이 '망건과 갓'을 쓸 수 있게 되었다. 한국에서 기독교가 쉽게 뿌리내리고 빠르게 부흥할 수 있었던 것은 바로 이 믿음의 소통 능력 때문이다. 하나님의 무한한 사랑(n^2)을 경험한 믿음의 사람들이 받은 사랑을 흘릴 때 세상의 n-1의 차별과 담이 무너지게 된다.

인류의 사상도 n-1의 법칙이 무너지며 발전한다

나는 인류의 사상과 그 사상을 토대로 발전한 인류의 역사 또한 n^2으로 인해 n-1의 법칙이 무너지는 역사라고 생각한다. 물론 인류의 역사를 이렇게 간단하게 설명하는 것은 위험한 일이지만, 철학의 역사를 다루는 것이 목적이 아닌, 기독교의 믿음이 어떻게 세상과 소통되었는지를 나누기 위함이다. 철학의 역사를 크게 3단계로 나누면 전근대(premodernity)와 근대(modernity), 그리고 탈근대(postmodernity)로 나눌 수 있다.

전근대: 주어진 n-1의 질서로 억압 받다

전근대는 신이나 절대적 진리(선善)가 세상을 주관하는 시기다. 신이 창조한 만물에는 신이 부여한 목적이 있다. 사람은 이렇게 신이 부여한 목적대로 살아야 행복하다고 생각한다. 이러한 사상은 아리스토텔레스의 철학같이 공동체 가치에 부합하는 방향으로, 개인의 행복을 추구하는 덕(德) 윤리로 발전하기도 한다.

하지만 중세시대와 봉건시대처럼 그 공동체의 질서란 신의 뜻을 핑계 삼아 자신의 권력을 유지하기 위한 교황이나 군주가 세운 n-1의 질서다. 이 질서 속에서 교황이나 군주 등 기득권층의 이득은 n으로 증가하지만, 일반 백성과 가난한 사람은 영원히 1이 될 수밖에 없다. 사람들은 신에 의해 부여된 n-1의 질서를 운명론적으로 받아들인다. 그래서 그 질서를 따라 살면 될 뿐 스스로 생각해서 살아가야 할 필요가 없다. 그래서 니체는 그 신이 죽어야 한다고 말한다. 진짜 신이 아닌, 소수 권력자가 만들어 낸 신이기에, 그 신이 죽어야 일반 백성이 자기 삶의 주인으로서 스스로 생각할 수 있기 때문이다.

근대: 자기만의 n-1의 질서를 세우다

전근대의 신 중심 혹은 공동체 중심의 사고는 근대에 들어와서 데카르트가 개인의 이성을 '세상을 인식하고, 이해하는 중심'으로 선포하면서 허물어지기 시작한다. "나는 생각한다. 고로 존재한다"고 한 데카르트의 외침은 신적 질서나 봉건 질서로부터 인간 스스로 독립하게 해 주는 독립선언문이 되었다. 인간은 스스로 생각할 수 있다. 합리적으로 사고할 수 있는 이성이란 능력을 타고났기 때문이다. 그렇기에 사람들은 내 생각과 반하는 사회질서에 순응할 것을 강요당하는 것에 대해 부당하게 인식하기 시작했다. 이제는 공동체의 조화나 목적에 부합하는 삶이 아닌 자신을 위해 무엇이 옳은지를 스스로 선택하기 시작한 것이다. 내 존재의 가치는 주어진 n-1의 질서에 의해 결정되는 것이 아니다. 내 생각으로 만들어 내는 것이다. 이제는 스스로 옳다고 생각하는 자신만의 n-1의 법칙을 세우는 것이다.

이제 인류는 스스로 자유롭게 생각하는 힘으로 르네상스를 꽃피운다. 종교개혁을 통해 교황과 사제가 독점하던 종교적 바리케이드를 무너뜨린다. 누구든지 자유롭게 성경을 읽고 은혜로 구원을 얻을 수 있는 길을 활짝 열어 놓은 것이다. 이성을 바탕으로 과학 기술의 발달과 시민혁명, 산업혁명 등을 차례로 경험하게 된다. 실제로 인간의 이성이 우주의 중심이 되어 세상을 변화시킨 것이다.

칸트의 도덕론은 이러한 이성주의가 바탕이 된 근대의 대표적 철학이다. 인간은 합리적으로 사고하는 이성 능력을 통해 누구나 객관적으로 옳고 그름을 판단할 수 있고, 스스로 옳다고 생각하는 '정언명령'에 의해 행동할 수 있다는 것이다.

근대의 폭력성

1960년대 이후 1, 2차 세계 대전과 냉전 시대를 경험하면서 인류의 지성인들은 근대의 이성 중심주의에 대한 비판적 성찰을 하기 시작했다. 어떻게 합리적 이성의 능력을 자랑하던 인간들이 스스로 끔찍한 전쟁을 일으켜 서로를 학살할 수 있는가? 과학 기술로 만든 핵으로 왜 인류가 종말을 두려워해야 하는가?

지성인들은 곧 그 원인을 데카르트의 '나는 생각한다, 고로 존재한다'는 명제에서 찾게 된다. 데카르트는 한 치의 오차도 없는 절대적 진리를 원했다. 그래서 합리적으로 의심할 수 있는 것들을 모두 배제했고 그러고 나자 의심할 수 없는 단 하나의 진리를 얻게 되었다. 내가 지금 보는 것이 사람인지, 아니면 사람의 탈을 쓴 늑대인지 의심할 수 있다. 그런데 지금 내가 그것을 의심하고 있다는 생각은 부정될 수 없다. 바로 그 생각이 나를 존재하게 하는 증명이라는 것이다. 그래서 'I think(나는 생각한다), thus(고로), I am(나는 존재한다)'을 정의한 것이다.

그런데 문제는 그 존재의 증명이 나 자신으로 국한되지 않고, 세상과 다른 사람의 영역에까지 확대된다는 것이다. 우리는 나만 생각하지 않는다. 매일 친구를 만나고 이웃과 인사하며 교회에서 형제자매와 교제를 하면서 그들에 대해서 '생각'이란 것을 한다. 그런데 만약 존재하는 이유가 내가 그것을 지금 생각하기 때문이라면, 우리도 의식하지 못한 채 우리의 생각으로 다른 이들의 존재 가치를 결정하게 된다. 즉 세상의 모든 존재가 결정되는 단 하나의 결정 요소가 무엇이냐면 '나의 생각'이라는 것이다. 'I think thus I am'뿐만 아니라 'I think, thus, he is, and she is'가 규정되는 것이다. 내가 합리적이라고 생각하는 n-1의 법칙 속으로 나와 다른 사람들을 끌고 와서 분석하고 해체하여 그들의 존재 의미를 결정해 버리는 것이다.

최근 대학가에서 쟁점이 된 단톡방 사건은 그 대표적인 예다. 같은 과 여학생들에 대한 상습적인 성희롱 발언을 한 몇 명의 남학생들의 이야기다. 이들은 단톡방이라는 자신들만의 편리한 공간을 만들어서 각 여성이 가지고 있는 다양한 아름다움을 그리고 독특한 매력과 가치를 그들의 생각 속에 있는 단 하나의 잣대 (n-1)로써 인식하고 평가하고 대상화했다. 'I think, thus, she is'인 것이다.

문제는 자신의 합리적 이성으로 세운 질서가 권력과 결탁했을 때다. 권력이 있는 사람은 자신과 본질적으로 다른 n-1의 법칙으로 사는 사람들을 자신의 n-1의 세계로 끌어와서 그들을 함부로 규정하고 억압하며, 자신의 법칙에 따라 살도록 강요한다. 자신의 이성적 판단으로 그것이 합리적이라고 합리화한다. 이렇게 해서 태어난 괴물이 자본주의와 전체주의와 제국주의다. 산업화는 이성이라는 합리화 과정을 통해 물질적 가치와 효율성만을 추구하여 황금만능주의 같은 비인간화를 가속시킨다. 역사적으로 힘 있는 국가들이 다른 나라를 침범하고 일체화시키는 제국주의도 인간의 이성적 합리성으로 그 정당성이 확보된다. 일본이 우리나라를 합병한 정당성 역시 식민지화를 통해 한국이 일본처럼 더 발전하고 잘살게 되었다는 것이다. 하지만 이 제국주의의 결과가 무엇인가? 서로가 서로를 멸절시키는 끔찍한 전쟁이었다.

미셸 푸코(Michel Foucault, 1926-1984)는 근대의 이성은 인간에게 자유를 제공한 것이 아닌, 사회가 요구하는 합리적 질서에 인간 스스로 복종하게 하여 인간의 자유를 오히려 억압한다고 고발했다. 니체가 신을 무너뜨려 근대를 도래시켰듯이, 푸코는 인간의 이성을 해체시킴으로써 근대의 종말을 가져오는 동시에 포스트모던 시대를 열었다.

근대의 n-1 법칙으로 생산되는 끊임없는 '동일자'(the same)

프로젝트로부터 사진이나 영상이 투시되면, 투시되는 물체가 하얀 벽이든 회색 벽이든 혹은 하얀 천이건 종이건, 그 물체의 독특한 성질은 다 사라지고 프로젝트로부터 투시되는 동일한 이미지만 남게 된다. 이성의 원리도 비슷하다. 우리의 생각을 타자에게 투시하여, 다른 이들의 독특한 성질, 즉 타자성을 지워 버리고, 나의 생각이 규정한 그 사람이 되게끔 하는 것이다.

문제는 그 생각이란 것이 결국 나의 과거의 경험이나 사전 지식으로 구성된 좁디좁은 틀이라는 것이다. 그 작은 틀로 투시하다 보니, 자베르처럼 나의 지식이나 경험으로 이해될 수 없는 진짜 새로운 것이나, 본질적으로 나와 다른 것은 이해할 수 없다. 전혀 새로운 사람이라도 한두 번 보고는 이런 사람일 것이라고 쉽게 판단해 버린다. 모든 것을 자신의 n-1의 법칙으로만 이해하니, 새로운 것이 나타나도 과거의 내가 알았던 동일한 것으로 치부해 버린다. 그렇게 나와 본질적으로 다른 타자들을 감히 자기와 같아야 한다고, 내 방식대로 살아야 옳다고 요구하며 나와 같은 '동일자'(the same)로 만들어 버린다.

물론 이러한 n-1의 법칙은 우리에게 편안함과 안정성(security)을 준다. 우리 안에 울타리를 만들고 질서 정연한 사회를 만들 수 있는 규범을 세우고 스스로 그 규율을 지킨다. 그래서 근대는 우리로 하여금 학교에서 똑같은 옷을 입고, 똑같은 머리 스타일을 하고, 그리고 수백만 명의 학생을 동일한 잣대로 평가한다. 심지어 춤까지 똑같이 추라고 강요한다. 우리가 어렸을 때 학교에서

단체로 한 국민체조의 이면에는 이러한 근대성의 무시무시한 폭력이 숨어 있다.

그런데 문제는 그 울타리가 점점 나를 옥죄는 감옥이 된다는 것이다. 나는 이것을 '동일자(the same)의 저주'라고 말한다. 모든 것이 지루한 반복일 뿐, 도대체가 새로움이란 없다. 혹시 교회의 삶이 이렇지는 않은가? 매일 아는 사람 만나서 듣는 이야기 듣고, 10년 전에 하던 프로그램을 아직도 동일하게 하고, 비슷한 사람들끼리 모여 매일 이야기하는 관심과 주제로 무한 반복하는 것이다. 이제 지루하고 재미가 없다.

많은 교회들이 보이지 않는 자신만의 n-1의 법칙을 가지고 있다. 그리고 이것을 믿음이라고 표현한다. 새신자 교육 프로그램이나 양육 프로그램을 통해 교인들은 자연스럽게 '동일자'가 되어 가고 이 틀에 맞추어진 '동일자'가 되어야 편안하게 교회를 다닐 수 있다. 그렇지 않으면 어느새 교회의 중심부에서 밀려나게 되기 때문이다. 근대가 무너졌듯이 우리의 교회들도 우리가 만든 울타리에 갇혀 세상과 소통하지 못한 채 서서히 무너져 가는 것은 아닐까?

탈근대: n-1의 법칙을 무너뜨리는 타자의 무한성

무엇이 이 울타리를 무너뜨릴 수 있을까? 무엇이 이 근대가 파놓은 동일자의 저주에서 우리를 구원할 수 있을까? 자아의 울타리라는 끊임없는 쳇바퀴에서 우리를 탈출시킬 수 있는 것은 바로 타자(other)다. 그리고 그 타자로부터 경험하는 무한성(n^2)이다. 타자의 무한성이 내가 경험하는 모든 것을 동일자(the same)로 만들어 버리는 n-1의 저주를 끊어 낸다. 이 타자의 얼굴이 우리로 하여금 끊임없이 반복되는 자신의 관심, 울타리에서 벗어나 다른 이에게로 발걸음을 떼도록 해주는 것이다.

참다운 지식의 행위는 인간의 어떤 의도적인 생각에서 나오지 않는다. 임마누엘 레비나스는 헐벗고 고통당하는 자의 그 얼굴 앞에 내가 온전히 노출되었을 때, 그 얼굴이 나에게 명령하는 것을 내가 어쩔 수 없이 반응하여 순응하였을 때 참다운 지식을 얻는다고 말했다.

미국 보스턴에서의 목회는 9월 한 달이 제일 중요하다. 9월에 시작하는 새 학기를 위해 새 가족을 초청하는 전도행사를 기획했고 많은 음식도 준비했다. 행사가 끝나고 정리를 하는데, 성도들이 남은 음식을 가져갔는데도 여전히 음식이 남아 버려야만 했다. 미국은 음식을 버리기가 참 쉽다. 피곤을 풀고 다음 날 아침 가뿐한 마음으로 스타벅스에서 다소 비싼 커피를 테이크아웃해서 교회 사무실로 들어서려는 순간, 어떤 어머니 그리고 그분의 딸과 정면으로 마주치게 되었다. 내 사무실로 들어오는 쪽문에 쓰레기를 모아 두는 곳이 있는데, 어머니가 딸에게 주기 위해 어제 우리가 버렸던 쓰레기를 헤치고 있었던 것이다. 우리 교회가 있는 뉴턴 지역은 부유한 동네라 그들 모습에 나도 놀랐고, 상대편도 놀란 눈치였다. 바로 그때 그 여자아이의 눈과 내 눈이 정면으로 마주쳤다. 나를 응시하는 그 눈, 그 눈을 본 순간은 찰나였지만, 어제 많은 사람이 초청되어 온 것에 마냥 기뻐하며 거리낌 없이 음식을 버린 나의 모습이 좀처럼 사라지지 않았다.

그들에게 감히 거기서 무엇을 하느냐고 물을 수 없었다. 그 얼굴 앞에서 '왜 이들은 아침부터 사람을 거북하게 하지. 휴! 아침부터 웬 노숙자!'라는 생각이 나올 수 없었다. 거리에서 보던 그 노숙자들 중에 하나로 치부하고 지나치는 것이 허락되지 않았다. 그 눈이 나에게 명령하고 있었기 때문이다. 그래서 나는 즉각 반응할 수밖에 없었다. "어! 잠깐만요, 여기 잠시 기다리세요" 하고는 급히 주방 냉장고로 달려가 어제 남은 피자를 전자레인지에서 데운 후 가져다주었다. "그거 말고 이거 드세요!"

레비나스는 우리가 타자의 얼굴 앞에 노출되었을 때, 우리가 할 수 있는 유일한 반응은 "예! 제가 여기 있습니다"(Here I am)라고 말하는 것이라고 한다. 바로 그때 우리의 자아라는 울타리 속에 잠자고 있던 하나님의 형상이 깨어난다. 그 타자의 얼굴과 마주할 때 끊임없는 필요와 풍요의 사이에서 방황하던 우리가 타자의 절대적 궁핍의 노예가 된다. 타자에 대한 무한한 책임이 나에게 주어지는 것이다. 그 타자는 우리의 진정한 인격과 나만의 주체성을 회복시킨다. 우리를 구원하는 것이다. 나의 삶에 가치와 의미가 주어진다. 동시대를 살아가는 수십억 인구 중에 그 타자의 명령에 응답할 수 있는 사람은 바로 나 하나다. 내가 그 타자 앞에 마주 서 있기 때문이다.

그 얼굴이 명령한다

타자를 만난 후 나는 뉴턴이라는 부유한 동네에 적지 않은 미혼모, 그리고 끼니 걱정을 해야 하는 아이들과 가난한 사람이 무수히 많이 살고 있다는 것을 알게 되었다. 마주하지 않았기에 그동안 없을 것이라 추측한 것이다. 이후 교회 부흥에 집중된 나의 관심은 조금씩 이웃에게로 이전되기 시작했다.

우리 주위에는 무한히 많은 타자가 있다. 미혼모, 탈북자와 고아, 독거노인과 장애인, 외국인 노동자들이 있다. 대학에서 인문교양 수업을 가르치며 학생들로 하여금 조별로 이러한 타자를 찾아 나서서 마주하는 경험을 하게 했다. 처음에는 학생들이 자신만의 n-1의 논리로 그들의 문제를 쉽게 규정했다. 그러나 타자의 얼굴과 대면한 후 그러한 자신의 생각이 얼마나 우매하고 편협한 것인지를 깨닫게 되었다.

한 학생은 학교에서 장애인 몇 명을 위해 수많은 예산을 투입하는 것이 합리적인지 의문을 품었다고 했다. 하지만 장애인 학우와 대면한 후 장애를 가지고 살아간다는 것은 나의 합리성이라는 틀을 넘어서는 경계 그 밖의 아픔이라는 것을 깨달았다. 초월 혹은 무한의 영역이라는 것이다. 우리의 합리적 셈법에 의해 감히 같은 '동일자'의 틀로 끼워 맞출 수 없는 초월자였던 것이다. 이렇게 '동일자'를 생산하는 우리의 n-1의 법칙은 타자의 얼굴이 표출하는 무한성 앞에 그저 힘없이 붕괴되어 버린다.

신앙인의 길

인류의 지성이 성숙되어 온 역사가 n^2으로 인해서 n-1 법칙이 무너지는 과정이었다면, 한 인간이 성장하는 역사 또한 비슷하다. 인간의 성장과 발달을 이해하는 데 초석이 된 연구들이 있다. 피아제(Jean Piaget)의 인지발달론, 에릭슨(Erick Erickon)의 정서발달론, 콜버그(Lawrence Kohlberg)의 도덕발달론 등이다. 이러한 선행 연구를 바탕으로 제임스 파울러(Jaesm Folwer)는 신앙이 성장하는 구조를 밝혀내기도 했다. 이 모든 이론들을 소개할 수는 없겠지만, 인간의 발달과 성장을 연구하는 대부분의 연구들이 공유하는 흐름이 있다. 교육철학자로서 나는 이러한 성장의 단계를 사회적 자아, 독립적 자아, 연대적 자아로 명명한다. 다음 글은 최근 발간된 나의 교육 저서《그래도 행복해 그래서 성공해: 부모의 행복으로 자녀를 성공시키는 특별한 수업》에서 발췌한 글이다.

신앙이 성장하는 1단계: 사회적 자아

사회적 자아는 자아가 스스로 생각해서 결정하기보다는 주변 사람들의 생각과 기대에 맞추어 선택하고 행동하는 시기다. 자신이 소속된 공동체나 사회가 요구하는 자아에 자신을 맞추어 가는 시기라 사회적 자아라고 부른다. 청소년기부터 자아는 삶의 영역이 가정을 넘어 학교와 또래 집단, 대중매체와 아르바이트 등으로 확장된다. 자연히 부모와 또래 그리고 나를 좋아해 주는 사람들이 나를 어떻게 생각하는지, 그들의 시선을 민감하게 받아들이게 된다. 그리고 바로 이러한 시선들이 옳고 그른지의 가치 판단을 형성하는 기초가 된다.

그래서 도덕발달을 연구한 콜버그는 이 시기의 도덕적 판단이 '관습적'이라고 설명한다. 즉 무엇이 옳고 그른지를 판단할 때 자기도 모르게 자기가 속한 가정, 사회, 집단의 관습적 기준에 의존하여 판단한다는 것이다.

보통의 사람은 청소년기부터 이러한 사회적 자아를 발달시키기 시작하지만, 또 많은 사람이 평생을 사회적 자아로 삶을 마감한다. 특히 한국의 사회 문화는 소속감이 강조되고, 가정이나 기업 등 자기가 속한 조직 문화에 자신도 모르게 맞추어 가는 경향이 강해 사회적 자아에 해당하는 사람들이 많다. 신앙 역시 사회적 자아의 단계에 있는 사람은 자신이 다니는 교회나 부모의 n-1의 믿음의 법칙을 그대로 받아들이고 답습하려는 성향이 강하다.

〈사회적 자아〉

신앙이 성장하는 2단계: 독립적 자아

독립적 자아는 사회적으로 자신이 속한 공동체와 사회 문화로부터 독립하여 스스로 선택하고 판단할 수 있는 사람을 말한다. 이러한 성장은 주로 한 공동체에만 속해 있던 사회적 자아가 다양한 공동체를 경험하고 여러 가치에 노출되어 그 차이 속에서 갈등하며 혼돈을 경험할 때 일어난다. 그 혼돈이 결국 스스로 생각하는 능력을 키우고, 종국에는 공동체가 부여하는 가치에 자신을 맞추어 가는 삶을 내려놓게 된다. 자아가 그 공동체로부터 독립하게 되는 것이다. 이유는 하나다. 이제 스스로 생각할 수 있기 때문이다. 나의 가치판단의 권위를 다른 이에게 의존할 필요가 없어진 것이다.

독립적 자아는 내 의지와 무관하게 사회질서에 끼워 맞추도록 강요당하는 것을 부당하게 인식하기 시작한다. 그래서 공동체의 조화나 목적에 부합하는 삶보다는, 스스로 자신을 위해 무엇이 옳은지를 선택하는 삶을 산다. 그렇다고 해서 일절 공동체에 소속되지 않거나 외부의 정보를 받아들이지 않는 것은 아니다. 오

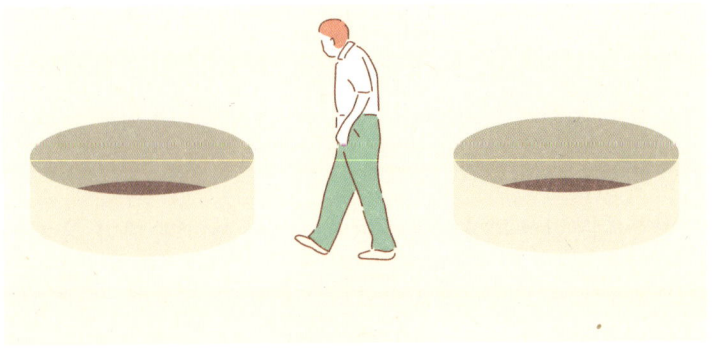

〈독립적 자아〉

히려 더 귀담아듣지만 비판적인 의식도 함께 작동한다.

이러한 독립적 자아들은 무조건적으로 부모와 신앙 공동체의 믿음의 법칙을 수용하지는 않는다. 대신 관습적으로 받아들이던 공동체의 믿음의 가치들 하나하나의 의미를 분석해 보고, 개인적으로 경험한 것과 일치하는 것을 선택적으로 받아들인다. 하나님과의 개인적, 인격적인 만남에 권위를 두고, 개인적으로 경험한 믿음의 역사를 통해서 자신만의 확고한 믿음의 법칙을 세우려고 노력한다. 바로 자기 믿음의 시기인 것이다.

신앙이 성장하는 3단계: 연대적 자아

독립적 자아가 외부의 권위자들로부터 비평적 거리를 둠으로써 스스로 생각할 수 있는 능력을 길렀다면, 연대적 자아는 자신 내부의 권위로부터 스스로 비평적 거리를 둠으로써 성숙한다. 그래서 자신의 신념, 생각, 가치관에 스스로 갇혀 있거나 매몰되지 않고, 끊임없이 자아의 개념을 확장한다. 연대적 자아는 독립적 자아가 자신만의 세계에 만족하지 않고, 보다 넓은 세계에서 다양한 타자들을 경험할 때 형성되기 시작한다. 그리고 열린 마음으로 그들과 대화하면서 점차 내 안의 가치 기준이 틀릴 수도 있음을 또는 그것이 오직 나를 기준으로 한 제한적인 가치일 수 있음을 인지하기 시작한다.

이것은 독립적 자아를 포기한다는 말이 아니다. 다만 더 깊이 정직한 고민을 한다는 말이다. 나의 이야기도 진리일 수 있지만, 나와 다른 타자의 말도 사실일 수 있다. 나의 생각이 옳다고 해

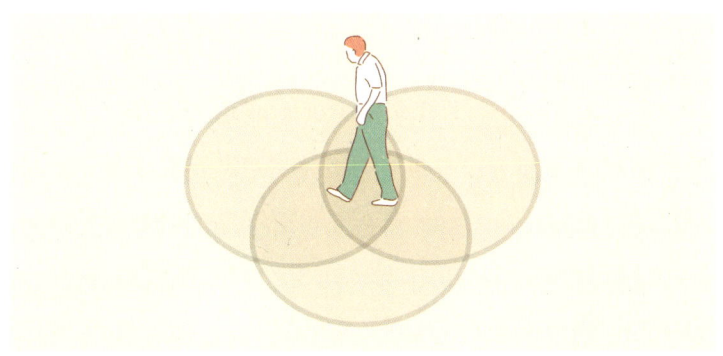

〈연대적 자아〉

서 꼭 상대방의 생각이 틀린 것은 아니다. 심지어 그 생각이 나와는 완전한 대척점에 서 있다고 해도 말이다. 이렇게 연대적 자아는 '나의 생각'을 절대시하지 않는다. 그리고 타자의 그 '다름'을 존중한다. 다름이 때론 부담스럽고 아픔이 되기도 하지만, 오히려 그 다름으로 인해 서로가 성장할 수 있다고 생각한다.

연대적 자아의 신앙적 모습은 《레미제라블》에서 장발장과 비슷하다. 그는 절대적 타자로서 하나님의 무한한 사랑 앞에 온전히 서 본 사람이다. 십자가 앞에서 나의 n-1의 법과 의가 계속 무너지는 사람, 그래서 취약해져서 타자의 아픔과 고통 앞에 자유롭게 내가 받은 사랑을 그대로 전해 주는 신앙인인 것이다.

성장의 두 가지 큰 흐름

그러므로 성장에는 크게 두 가지 흐름이 있다. 처음에는 단단한 자아가 되는 것이다. 상황이나 주변에 의해서 내 삶이 해석당하는 것이 아니라, 나 스스로가 삶을 해석하며 당당히 살아가는 주체, 단단한 자아가 되는 것이다. 하지만 그 단단함은 어느덧 연약함으로 바뀐다.

그렇게 단단했던 내가 이제 내 주변에 아파하는 사람들의 눈물과 고통 앞에 쉽게 무너진다. 그들의 연약함과 아픔이 내 안에 들어온다. 나의 마음이 그들의 마음과 연대가 되고, 그들의 기쁨 속에서 나도 기쁨을 누린다. 내 자아가 어느덧 확장된 것이다. 나로부터 자녀, 자녀의 친구들, 이웃들, 그리고 우리가 사랑하는 대한민국 사람들 그리고 그 한계를 넘어 저 북한 사람들과 인류가 내 마음속에 들어온다. 자아의 확장은 그렇게 계속된다. 그래서 우리의 성장도 끝이 있을 수 없다.

법(n-1)은 불완전하다

장발장의 고발처럼 법은 불공평하다. 우리는 법이 완전한 정의를 실현시켜 주어야 한다고 믿는다. 그러나 완전한 법을 세우려고 할수록, 법은 합리적인 권력이 되어 더욱더 많은 사람들을 억압할 수 있다. 법은 현실을 앞서갈 수 없다. 현실을 뒤따라가면서 법의 불완전성을 조금씩 고쳐 나갈 뿐이다. 그 한계를 교묘히 이용해서 부당이익을 취하거나 다른 사람에게 해를 주는 사람들도 있다. 이러한 편법을 막기 위해서 가능한 모든 일에 대해서 세세히 규제할 수 있는 완벽한 법을 만들었다고 하자. 그러면 국민의 90%는 부지중에 모두 범법자가 된다. 장발장의 말처럼 모두 법의 노예가 된다.

법은 그 속성상 불완전할 수밖에 없고, 불완전한 상태로 내버려 두어야 한다. 그 이유는 법은 정치권력의 힘들이 균형에 이르는 바로 그 지점에서 태어나기 때문이다. 입법기관인 국회는 권력을 쟁취하는 것이 목적인 정당들로 이루어진다. 각 당은 자기만의 정의(n-1)의 법칙이 있고, 그 정의를 지지하고, 그 정의로 인해 이익을 얻는 이익집단이 있다. 대통령의 권력, 그리고 국회의원을 선출하는 일반 시민들의 여론, 그리고 그 여론을 일으키는 시민단체나 미디어들도 법을 제정하는 영향력을 가지고 있다. 이러한 모든 힘들이 균형에 이르는 지점에서 법은 제정된다. 여당과 야당은 서로의 이익이 맞아떨어지는 지점에서 법조항들을 교환하기도 한다. 그래서 법은 불완전할 수밖에 없다. 야당이 힘이 세지거나 권력을 잡아 힘의 지형이 바뀌면 또 다른 법이 세워진다.

입법뿐 아니라 사법 역시 힘의 논리가 작용한다. 사법기관은 법조문을 공평하게 해석하고 적용하는 것이 원칙이지만, 실제 재판에서는 판사나 검사의 라인들, 로펌과 검사 혹은 판사의 친분관계, 전관예우 등이 훨씬 중요할 때도 있다. 서로의 이익이 어느 정도 균형이 되는 지점에서 판결이 나기도 한다.

법의 폭력성을 치유할 수 있는 것

우리 사회에는 옳음에 대한 다양한 의견이 있다. 정의에 대한 관점(n-1)이 서로 다르다. 완벽한 사람은 없다. 죄와 허물은 누구에게나 있다. 그런데 그 죄에 대한 공평한 혹은 '상당한' 값이 서로 너무 다르다. 교인 중 한 여성이 사업장에서 어떤 술 먹은 남자가 갑자기 목덜미를 확 잡아서 너무 놀라 그 남자의 몸을 밀쳤다. 서로 맞고소를 했고, 결국 판결이 쌍방과실로 나와서 적지 않은 금액을 배상해야 했다. 과연 이것이 정의일까?

이렇게 서로 다른 n-1의 법칙으로 갈등하고 싸울 때, 법은 힘의 논리로 강제적인 균형을 맞춘다. 강제하는 법의 힘으로 장발장처럼 결코 동의되지 않은 형을 살거나 배상을 치르기도 한다. 법이 폭력이 되는 순간이다.

무엇이 이러한 법의 폭력성을 치유해 줄 수 있을까? 사랑이다. 그런데 인간의 사랑 속에는 자기만의 n-1의 계산이 숨어 있다. 사랑으로 포장된 자기계산이 드러날 때 상대는 더욱 상처를 받는다. 정부 역시 힘없는 약자들을 위해 다양한 지원이나 복지 서비스를 제공할 수 있다. 그러나 사회적 약자들은 자신이 그러한 복지를 정당하게 받을 수 있는 권리가 있음을 안다. 자신의 n-1의 셈법에 이미 포함되어 있는 것이다. 고마워는 하겠지만, 마음의 상처까지 치유되지는 않는다.

바로 이 지점에서 기독교의 믿음에 사회와 소통될 수 있는 놀라운 능력이 있다. 바로 기독교의 믿음은 우리로 하여금 절대적이면서도 완전하고, 초월적이면서도 인격적인 타자(Other)의 얼굴 앞에 마주 서도록 요구하기 때문이다. 가장 거룩하신 전능자가 죄 많고 허물 많은 나를 사랑하셔서 저 높은 십자가에 달리셨다. 그 십자가 앞에 설 때, 우리는 우리의 의, 인간의 n-1의 법칙을 내세울 수 없는 완전한 죄인이 되어 버린다. 모두가 자기가 옳다고 주장할 때, "내가 죄인입니다. 내 책임입니다"라고 고백하게 되는 것이다.

지난번에 내가 친구를 위해 5리를 가 주었다. 그 전에도 2리를 가 준 적이 있다. 이번엔 친구가 나를 마중할 차례다. 마음속으로 적어도 5리는 가 주겠지! 아니야 7리를 가 줘야 공평한 것 아니야! 계산하고 있는데, 친구가 "오늘 내가 10리를 가 줄게" 선포해 버린다. 그렇게 오른뺨을 때릴 때 왼뺨도 내어 준다. 그 절대적 타자가 부어 주는 무한한 사랑 앞에 포로가 될 때 우리는 인간의 $n-1$의 셈법을 넘어서게 되는 놀라운 자유함을 얻게 된다. 이 자유함은 놀라운 능력이 있다. 서로 절대 양보하지 못하는 그 견고한 $n-1$의 계산법을 불시에 습격한다. 그래서 내 입에서 의도치 않게 "10리 가 줄게! 혹시 겉옷도 필요하지 않아!" 하고 계산되지 않은 말들이 튀어나온다. 이렇게 서로의 장벽을 무너뜨리는 것이다.

우리에겐 용서할 능력이 없다

1945년 8월 15일 해방의 기쁨도 잠시, 우리 민족은 남과 북으로 그리고 좌와 우로 대립하며 서로 죽이는 이데올로기 전쟁을 하기 시작했다. 1948년에 일어난 제주 4·3항쟁과 여수순천 사건이 대표적인 사건이다. 미군과 이승만 정권은 제주와 여수의 반란군을 진압하면서 좌익뿐만 아니라 무고한 민간인들도 희생시켰다. 서부청년단 같은 일부 우익 기독 청년들도 이 학살에 동참했다. 다른 편에선 여수와 순천을 장악한 좌익들이 인민위원회를 만들어 평소 반공을 주장하던 사람들을 색출하고 처형했다.

그렇게 희생당한 사람들 중에 손양원 목사님의 두 아들 손동인과 손동신이 있다. 며칠 뒤 계엄군에 의해 반란이 진압되고 손양원 목사님의 두 아들을 살해한 안재선도 잡혀 즉결처분을 받게 되었다. 목사님은 안재선을 살려 달라고 구명운동을 벌이고 급기야는 그를 자신의 양아들로 삼았다. 이후 6·25 전쟁 때 손양원 목사님은 공산군에게 처형을 당하고 안재선은 목사님 장례식에서 맏상제가 된다.

전쟁은 끝났지만, 한국 사회 안에 있던 좌와 우의 적대감은 더욱더 견고해졌다. 많은 사람들의 가족이나 친척이 좌파 혹은 그 반대로 우파로 인해 희생당했다. 삼촌이 공산당에 끌려가 피부가 벗겨지는 잔혹한 고문을 당하고 죽었다. 하지만 그 공산당원의 조카는 우익 청년들에게 끌려가 성폭력을 당하고 살해되었다. 서로가 고통을 겪었고 또 각자가 원인을 제공한 책임이 있다. 그러나 그 값을 어떻게 공평하게 계산할 수 있을 것인가?

끊임없는 전쟁의 악순환으로부터 벗어나기 위해서는 어떻게 해서든 적당한 지점에서 타협해야 했다. 그래서 계산할 수 없는 것을 힘의 논리로 억지로 계산했다. 결국, 우리 민족은 제국주의의 힘에 의해 두 동강으로 나뉘었다. 나름 공평하다고 서로 위안하면서 말이다. 이것이 법인 것이다. 그래서 자크 데리다(Jacques Derrida)는 이렇게 말한다.

"법은 정의가 아니다. 법은 계산의 요소이며, 법이 존재한다는 것은 정당하지만, 정의는 계산 불가능한 것이며, 정의는 우리가 계산 불가능한 것과 함께 계산할 것을 요구한다."(자크 데리다,《법의

힘》, 문학과지성사, p. 37)

전쟁 후 우리 사회는 이러한 법의 폭력성으로 인해 반목과 갈등, 상처로 얼룩져 있었다. 이러한 상황에서 손양원 목사님의 이야기는 빠르게 회자되기 시작했다.

"어떻게 그럴 수 있어! 정말이야! 어떻게 그런 자를 용서할 수 있어!"

이야기가 퍼질 때마다 사람들은 놀라움을 금치 못했다. 평소 '오직 예수' '오직 은혜' '오직 믿음'이라고 외치던 손양원 목사님의 믿음이 한국 사회 속에서 강력하게 소통되기 시작했고, 그만큼 무너진 것이 있었다. 서로를 향한 바리케이드다.

인간이라면 용서할 수 없다. 그 용서란 인간의 한계를 뛰어넘는 무한의 영역에 속한다. 우리가 어떻게 일흔 번씩 일곱 번을 용서할 수 있겠는가? 사실 용서를 안 해서 발생하는 문제보다 용서한 척하기 때문에 생기는 상처가 더 크다. 말로는 "용서했어. 다 끝난 문제야!" 하지만, 마음속으로 아직 정리되지 않는 빚이 남아 있다. 데리다는 "용서는… 전환도, 개선도, 뉘우침이나 약속도 없이 여전히 다시 반복되는, 그래서 용서할 수 없는 그 지점에서 용서해야 진짜 용서"라고 말한다.(자크 데리다, 《세기와 용서》, 아카넷, p. 232) 그래서 "용서는 우리에게 불가능한 영역으로 남겨 두어야 한다". 그런데 그 불가능한 일이, 우리의 경계 밖 그 '무한'에 속한 일이 우리에게 가능할 때가 있다.

바로 종들과 회계하러 오신 임금, 그 절대자 앞에 설 때다(마 18:21-35). 그분에게 우리는 일만 달란트, 약 6조 이상의 빚이 있다.

갚을 수 없는 불가역적인 돈이다. 오직 죽음으로만 갚을 수 있다. 임금은 그 돈을 아무 조건 없이 탕감해 주신다. 그런데 불가능한 일이 또 있다. 다른 사람이 나에게 빚진 천만 원, 즉 100데나리온을 아무 조건 없이 탕감해 주는 것이다. 그 불가능한 일이 가능할 때가 있다. 일만 달란트를 탕감 받은 놀라운 은혜가 나를 급습할 때다. 그때 일만 달란트의 60만분의 1인 천만 원이 불시에 아무것도 아닌 것이 되는 것이다.

그런데 성경에서 일만 달란트 탕감 받은 사람은 천만 원 빚진 자를 감옥에 가두었다. 그로 인해 그 자신도 감옥에 가게 되었다. 왜일까? 아직 용서 받은 사람이 아니기 때문이다. 진정한 용서, 즉 무조건적인 용서는 우리가 할 수 있는 것이 아니다. 아니 우리의 의로, 계산으로 해서 더 문제가 된다. 용서와 사랑과 섬김은 먼저 받는 것이다. 먼저 내가 절대적 타자 앞에 설 때만 비로소 우리 주위에 있는 작은 타자들에게 그 사랑을 흘려보낼 수 있다. 문제는 우리 스스로가 일만 달란트를 빚진 자로 인식하고 있느냐이다. 그럴까? 전혀 감이 안 온다. 사실적이지 않다. 그런데 그 일만 달란트가 지금 당장 내가 해결해야 할 빚으로 우리를 옥죄여 올 때가 있다. 바로 종들과 결산하려 임금이 오셨다는 말을 들었을 때다. 그 임금 앞에 섰을 때다. 그래서 예수님이 "천국은 그 종들과 결산하려 하던 어떤 임금과 같으니"라고 하신 것이 아닐까?

"회개하라 천국이 가까이 왔느니라."

이제 천국이 우리에게 어떻게 가까워져 믿음의 능력을 얻게 하는지 구체적으로 살펴보자.

uncomfortable

5장

믿음의 능력을 얻는 방법:

타자(他者) 앞에 서 보기

믿음의 능력은

환난으로
시작된다

———
———

　인류의 역사 속에서 믿음으로 '의'롭다 칭함을 받는 믿음의 조상들에게는 공통점이 있었다. 진정한 타자 앞에 서 보았다는 것이다. 우선적으로 서 보아야 할 타자(Other)가 있다. 바로 절대자 하나님이다. 그다음 고통 받고 아파하는 이 땅의 타자(other) 앞에 서 보아야 한다. 그래서 내가 받은 그 무한한 사랑을 상대의 아픔과 취약함으로 인해 어쩔 수 없이 흘려야 한다. 장발장이 주교 앞에 서서 죄인이 되어 보았기에 그는 거리에서 희망이 없는 자들에게 조건 없이 그 사랑을 흘려 주는 의인이 될 수 있었다.

기독교가 능력이 없어진 이유

　세계 역사에서 그 유래를 찾아보기 힘들 정도로 부흥했던 한국 교회가 지금 힘을 잃어 가는 이유가 무엇일까? 절대적 타자 앞에 서 보아야 나는 한량없는 죄인이라는 고백이 나올 수 있다. 부흥의 능력은 이 은혜로 완전히 지배될 때 경험된다. 죄가 더한 곳에 은혜가 더욱 넘친다. 평양 부흥의 중심이 되었던 길선주 목사님의 고백처럼 말이다. 그러면 부흥의 불길이 타오른다. 받은 사랑을 거침없이 나보다 낮고 허물 많은 곳으로 흘리기 때문이다.

한국교회가 더 이상 부흥이 되지 않는 것은 이 사랑의 흐름이 끊겼기 때문이다. 은혜가 역사하지 않는 교회는 자연히 퇴보한다. 왜 사랑의 흐름이 끊어졌을까? 정직히 서 보아야 하는 타자가 없기 때문이다. 첫 번째로 서야 할 타자(Other) 앞에 정직히 서 보려 하지 않기 때문이다. 그래서 저 위에 들려진 독생자를 통해 부어지는 무한한 사랑이 이제 실체가 되지 않기 때문이다. 요한이 말했듯 우리가 먼저 하나님을 사랑한 것이 아니라, 그분이 먼저 우리를 사랑하셨다. 교회가 세상에서 능력이 없는 이유가 있다. 교회 안에는 사랑의 말이 넘쳐 나는데 교회 밖으로는 그 사랑이 흘러 나가지 않는다.

사랑에는 조건이 없다. 무조건적으로, 상대의 있는 그대로를 사랑해야 진짜 사랑이다. 우리 능력으로 그런 사랑을 할 수 있을까? 사랑은 인간이 창조해 낼 수 있는 것이 아니다. 그럼 어떻게 사랑할 수 있는가? 받은 사랑을 흘려 줄 뿐이다. 우리 인간은 사랑을 제조해 낼 수 없다. 오직 유통할 뿐이다. 그래서 사랑하기 위해서는 먼저 사랑을 받아야 한다. 나는 이것을 '사랑의 저수지 이론'이라고 부른다. 사랑은 자유로운 흐름이다. 사랑이 나로부터 막힘없이 다른 이를 향해 자유롭게 흐르기 위해서는 내가 먼저 위에서부터 흐르는 사랑으로 채워져야 한다.

그런데 더 이상 채워지지 않는다. 아니 채워질 필요도 없다. 이미 우리의 것으로 충분히 채워졌고 이제는 단단한 울타리를 치고 그것을 지켜야 하기 때문이다.

복음이 이 땅에 들어왔을 때 우리에게는 그 어떤 울타리도 없었다. 그런데 교회가 부흥하면서 사람도 많아지고, 헌금도 많아졌다. 1시간 일한 사람보다 3시간, 5시간, 8시간 일한 사람들이 점점 많아진 것이다. n-1의 공식으로 살기 시작하는 것이다. 울타리가 더 견고해진다. 울타리가 주는 안정성(security)이 우리가 끝까지 지켜야 하는 보루가 되어 버린다. 그러면 교회에서 예배는 드리지만 우리는 십자가 앞에 온전히 서지 못한다. 진짜 그 앞에 서면, 십자가는 우리가 지금까지 교회 안에서 누리던 그 안정성(security)을 다 무너뜨릴 수 있기 때문이다. 그래서 하나님이 우리가 다시 한 번 타자(Other) 앞에 서도록, 그래서 진정한 믿음으로 살도록 우리에게 허락하시는 것이 있다. 바로 환난이다.

환난의 정체

아이러니하지만, 천국을 사는 믿음의 능력은 소망이 아닌 환난으로 시작된다. 그 환난의 정체는 무엇일까?

우리 인간이 가장 두려워하는 것이 있다. 바로 불확실성이다. 그래서 우리는 자베르처럼 나만의 n-1의 법칙을 만들어 놓고, n을 계속 증가시키기 원한다. 남보다 돈, 실력, 권력을 많이 쌓아 놓고 '이 정도면 되겠지'라는 생각이 들어야 불확실한 세상에서 어느 정도 안정과 보장을 얻었다는 확신을 가지게 된다. 적지 않은 사람들이 이러한 확신을 믿음이라고 착각한다. 내가 남보다 많이 쌓아 놓은 그 n-1의 근거로 믿는 것이다.

바로 성경에 나오는 어리석은 부자처럼 말이다. 이 부자의 진짜 어리석음은 그 소출을 쌓아 놓아야 내가 진짜 생명을 얻을 수 있다고 생각하는 것이다.

"내가 내 영혼에게 이르되 영혼아 여러 해 쓸 물건을 많이 쌓아 두었으니 평안히 쉬고 먹고 마시고 즐거워하자 하리라."

n-1이 점점 커져서 여러 해 쓸 물건을 많이 쌓아 두면 내 영혼의 문제가 해결된다고 생각하는 것이다. 이 부자의 말은 이것이다. 내 영혼이 온전한 평화를 누리지 못하는 이유는 사실 하나님이 있어서 그렇다는 것이다.

하나님이 주시는 '생명'이란 선물에는 공통점이 있다. 대부분 무엇인가 확실하게 보장되지 않는다. 오늘 풍년이 들어도 내년에 흉년이 들 수 있다. 특히 인간은 바로 생명체계 안에 있는 불확실성을 가장 두려워한다. 생명 있는 모든 것에는 이 불확실성이 존재한다. 그래야 사는 것이다. 지구는 생명체다. 언제 태풍이 오고, 지진이 날지 우리는 모른다. 우리 몸도 생명체다. 우리도 모르게 암세포가 증식할 수 있다. 태어날 아기를 남자일지 여자일지 선택할 수 없다. 생명 안에 있는 불확실성은 우리에게 두려움을 주지만, 그래서 기대하지 못한 감격이 있고, 감사가 있다. 그래서 놀라워하고, 기뻐하며 흥분하는 것이다. 이것이 생명력이다.

그런데 이 부자는 지금 먹을 것이 충분히 있어도 즐기며 먹을 수 없다. 쉬어도 쉬는 것 같지가 않다. n-1이 충분치 않다. 지금 쌓아 놓은 것은 큰 흉년이 한 번 들면 다 없어질 수 있다. 그래서 부자는 결심한다. "일단 쌓아 놓자. 내 인생에서 모든 불확실성을 제거할 때까지." 이 부자의 말은 사실 이 말이다. "내 영혼아 이제 진짜 즐거워할 수 있게 되었어. 이제야 내가 내 생명의 주인이 되었거든. 내 삶에서 하나님을 완전히 제거해 놓았거든." 이런 사람들을 '실천적 무신론자'라고 한다. 이들 중에 예수를 믿는다고 고백하는 사람도 있다. 주일에 감격하며 예배드리기도 한다. 그러나 하나님은 이렇게 말한다.

"어리석은 자여 오늘 밤에 네 영혼을 도로 찾으리니 그러면 네 준비한 것이 누구의 것이 되겠느냐?"

그리고 이렇게 결론을 내신다.

"자기를 위하여 재물을 쌓아 두고 하나님께 대하여 부요하지 못한 자가 이와 같으니라."

n-1이 커져서 그것을 실제로 의지하고 그로 인해 평안을 누리는 만큼 우리에게 하나님의 사랑은 형식적인 것에 불과하다. 당연히 하나님의 사랑을 흘리는 통로로서 살아가지 못한다. 영생의 삶이 없다는 것이다. 생명의 근원인 하나님을 잊어버리고 사는 것이다. 영생을 위해 쌓아 놓기는 하는데, 쌓아 놓은 만큼 생명의 풍성함이 메말라 버리니 어리석다고 하는 것이다.

환난의 역할

그래서 바울이 말하는 것이 있다. 믿음으로 의롭게 되었다면 이제는 그 믿음으로 말미암아 하나님과 화평을 누리는 삶을 살아야 한다는 것이다(롬 5:1). 내가 쌓아 놓은 것이 아닌 하나님으로 인해 생명을 누리라는 것이다. 독생하신 예수 그리스도의 은혜만을 구체적으로 의지하여 살라는 것이다. 바울은 이것을 "믿음으로 서 있는 이 은혜에 들어감을 얻었으며"(롬 5:2)라고 말한다.

세상에서는 돈, 실력, 권력, 명예로 굳게 설 수 있다. 세상 사람들은 그 기초 위에 자신들의 삶을 세우려고 한다. 그런데 진짜 믿음으로 서 있어 보기 위해서는 '이 은혜의 들어감'을 얻어야 한다. 즉 그 은혜로만 살아 보는 것이다. 하나님의 사랑만 의지해 보는 것이다. 그래서 믿음으로 이 은혜 안에 굳게 서기 위해 예수님이 허락하시는 것이 있다. 바로 환난이다.

환난은 은혜로 들어가는 첫 관문이다. 예수님이 주시는 환난은 세상 사람들이 받는 환난과 본질적으로 다르다. 우리는 보통 환난이 주는 역경과 고난을 참고 인내하면 결국 실력이 쌓이고, 큰 결실을 맺을 것이라 생각한다. 그래서 환난 가운데서도 즐거워하라고 말한다. 결국 유익이 있기 때문이다.

그러나 '환난'이 가지고 있는 더 중요한 역할이 있다. 환난이란 어원의 뜻은 '이 땅에 살면서 의지했던 것들이 하나둘 점점 사라져 가는 상황'이다. 환난은 헬라어로 '뜰립시스'로 '억압' '압제'라는 뜻이다. 영어로는 'tribulation'이고 라틴어로는 'triblum'이다. 탈곡기라는 말에서 파생되었다. 프레스로 누르면 겉껍질은 다 벗겨 나가고 알맹이만 남게 되는 것처럼, 환난은 상황이 죄어 오는 것을 의미한다.

미국에 처음 이민을 올 때 사람들은 비교적 충분한 자금을 가지고 온다. 그런데 당장 일자리를 찾기 힘드니 비싼 집세와 생활비만 지출하게 된다. 은행 잔고가 줄어드는 것을 보면서 압박감을 느끼게 된다. 이 상황이 '환난'이다. 이 압박감에 급하게 사업을 하다가 큰 손해를 본 사람도 많다. 반면에 그런 상황에서 비로소 '믿음으로 서 있는 이 은혜에 들어감을' 얻은 사람들도 있다. 목회자로서 그 과정을 지켜보는 것은 아픔이지만, 지켜볼수록 그것이 어떻게 축복이 되는지 경험할 수 있었다.

아브라함에게도 하나님은 이 환난의 과정을 허락하셨다. 바로 본토 친척 아비 집을 떠나게 하신 것이다. 이것은 아브라함이 믿음으로 서 있게 하기 위함이다. 그래서 하나님은 그가 쉽게 의지할 수 있는 본토, 친척, 아버지, 재산, 이웃의 도움 등의 친숙한 상황에서 떠나게 하셨다. 갈 바를 알지 못해야 하나님만 의지하기 때문이다.

나에게도 환난이 있었다. 그 환난은 미국에 방문하신 아버지의 말씀으로 시작되었다. "개척해 볼래?" 나는 당시 미국연합감리교단에서 목회자 과정을 거의 마친 상태였고, 박사 후 한국으로 돌아가 교수가 될 생각이었다. 아버지의 논리는 비교적 간단했다. 믿음으로 사람들을 인도하는 목회자가 되려면 내가 먼저 신앙인이 되어야 하는데, 이미 다 훤히 보이고 갖춰진 길로 가서는 믿음을 제대로 배울 수 없다는 것이었다.

몇 달 고민했다. 하지만 결국 아버지의 간단한 논리에 설득당해 나는 개척을 선택했다. 물론 그 전에도 예수님을 믿었지만, 나는 그 후에 믿음으로 산다는 것이 무엇인지 배울 수 있었고, 은혜가 사실적으로 다가왔다.

지금 n-1의 셈법으로 열심히 쌓아 놓고 의지하던 것들이 하나하나 사라지고 내려놓게 되는가? 그 환난을 통해 하나님이 이렇게 초청하시는 것이다. "ㅇㅇ야! 이제 네가 믿는 그 은혜가 너를 지배할 때야. 어서 이 안으로 들어오렴. 그래야 정말 믿음으로만 굳건히 서 있을 수 있어! 믿음의 능력이 부어지는 때라고!"

환난은 인내를 인내는 연단을

인내는 단순히 오래 참고 견디는 것이 아니다. 인내의 원어는 '휘포모네'다. 절벽에서 미끄러져 나뭇가지 하나를 간신히 붙잡고 그것에 온몸을 의지하고 있는 상황과 같다. 힘들지만 참고 견뎌야 한다. 지금 붙잡고 있는 것을 놓으면 다 끝나기 때문이다. 이것이 '휘포모네'다. 즉 인내란 여러 곳이 아닌, 단 하나를 굳게 붙드는 것이다.

세상에서 내가 쌓아 놓은 것들이 사라져 가고, 의지하던 친구들이 모두 나를 떠나갈 때 그제야 우리는 하나님만 의지하는 법을 배울 수 있다. 환난이 인내를 낳는 것이다. 바로 이때 전에 희미하던 것이 명확히 다가온다. 바로 '은혜에 들어감을 얻는다는 것'이다. "하나님이 이렇게 나를 사랑하시는구나. 이렇게 나를 먹이시는구나. 나의 성품을 너무나 잘 아셔서 기가 막힌 방법으로 나를 인도하시는구나. 나의 나 된 것은 다 하나님의 은혜구나!"

바로 이것이 연단이다. 연단이라는 뜻을 가진 헬라어 '도키메'는 철을 연단하여 단단하게 된다는 뜻도 있지만, 제련하여 불순물을 제거하고 '어떤 것을 증명하고 입증한다'는 의미가 더욱 강조된 단어다. 이 연단을 통해 우리에게 딱 한 가지만 남고 증명된다. 오직 '은혜'다. 하나님의 사랑이 우리 마음에 한없이 부어지고 우리는 하나님과 화평을 누리게 된다. 이 과정을 통해 떨어져 나가야 하는 것이 있다. '나의 나 됨' 혹은 나의 n-1로 대변되는 자기 '의'다.

내가 의지하던 돈, 재물, 명예를 내려놓는 것은 어렵지만 상황이 어쩔 수 없으면 다 내려놓게 되어 있다. 그런데 끝까지 내려놓지 못하는 것이 있다. 바로 '자기 의(義)'이다. 그것이 '나됨'을 만들기 때문이다. 이러한 '자기 의(義)'는 경쟁이 치열한 이 세상에서 비록 남들보다 뛰어나지 못하고, 그래서 열등의식에 빠져 있더라도 우리로 하여금 열심히 살아가게 만드는 동력이 된다. 결국 우리는 이것을 의지하는 것이다. 이것이 무너지는 것은 죽음과 같다. 자신의 존재 의미가 사라져 버리기 때문이다.

그러나 우리가 환난을 통해 믿음으로 서고 그래서 진정한 은혜를 알게 될 때, 결국 환난 속에서 우리를 이끄는 것은 "저는 죽을 수밖에 없는 죄인입니다"라는 고백이다. 이때 우리 안에 흐릿했던 십자가의 은혜가 머리부터 발끝까지 우리를 감싼다. 우리를 온전히 지배하게 되는 것이다.

부활은 죽음을 통해서 경험할 수 있다. 이 땅에서 천국을 만든 사람, 부활을 경험한 사람들은 하나같이 이러한 영적 죽음을 경험했다. 진정한 소망은 이러한 영적 죽음으로 얻어진다. 자신이 바라는 것이 모두 무너지고 아무것도 할 수 없는 상황에서야 우리는 비로소 눈을 들어 우리를 위해 일하시는 하나님의 열심과 그 은혜를 주목하고 바라보기 때문이다. 그때 우리의 소망은 순수해진다. 참 소망이 되는 것이다. 나로부터 근거가 된 것이 하나도 없기 때문이다. 내가 완전한 죄인이 되어 보아야, 아직 죄인이었을 때 우리를 위해 독생자를 화목제물로 죽이신 하나님의 사랑이 더욱 확증되는 것이다.

깨어져야 얻는다,

야이로의 믿음

자신이 만들어 내는 믿음

목회하면서 가끔 '저 사람은 어떻게 예수님을 믿게 되었을까?' 하고 궁금해지는 사람들이 있다. 그들에게는 공통점이 있다. 바로 환난이다. 인생의 여러 가지 문제로 절망을 경험한 사람들이다.

성경에 등장하는 인물 중에서 예수님을 믿을 만한 그 어떠한 가능성도 없는 사람이 있다. 바로 회당장 '야이로'다. 회당장은 이미 사회적으로나 경제적으로 부족함이 없는 사람이다. 무엇이 아쉬워서 나사렛에서 온, 볼품없는 한 청년 예수에게 찾아오겠는가? 그런데 이 야이로가 예수님의 발아래 엎드려 간구한다. 그의 딸이 병에 걸려 죽게 되었기 때문이다. 딸의 아픔으로 인해 취약해진 사랑(vulnerability)이 없었다면 그는 예수님 앞에 나아오지 않았을 것이다.

자신의 딸이 죽을병에 걸렸는데, 가만히 있을 부모가 어디 있겠는가? 야이로도 자신이 가지고 있던 권력, 재물, 지식을 모두 동원해 봤다. 그러나 소용이 없었다. 용하다는 의원도 죽어 가는 그의 딸을 고칠 수 없었다. 그러다 야이로는 예수님에 대한 소문을 듣고, 예수님이면 자신의 딸을 고칠 수 있지 않을까 하는 간절함으로 예수님 앞에 나아온다.

환난이 있을 때, 인생의 취약한(vulnerable) 문제로 인해 예수님 앞에 나아갈 때는 그냥 가지 않는다. 기대하는 바가 있고, 나름대로 이유가 있다. 이 기대감과 이유는 '믿음'을 스스로 만들어 낸다. 회당장의 믿음은 '예수님이라면 죽어 가는 내 딸에게 손을 얹어 기도하심으로 살릴 수 있다'는 것이다. 이처럼 믿음은 철저히 개인의 환난과 문제에서 시작된다. 다른 이가 회당장에게 "예수님께 가서 손을 얹고 기도해 달라고 해 봐. 그러면 딸이 나을 수 있을 거야"라고 말해 준 것이 아니다. 예수님이 먼저 그에게 가셔서 기도해 주신 것도 아니다.

야이로의 믿음에는 공식이 있었다. 죽을병이다. 아니, 거의 죽음 직전에 있다. 그런데 예수님이 자신의 딸이 죽기 전에 오셔서 손을 얹고 기도만 해 주시면 나을 수 있다고 믿었다. 엄청난 믿음이다. 누군가 가르쳐 준 믿음이 아닌 야이로 스스로 만들어 낸 믿음의 공식이다.

이처럼 믿음은 스스로 정의하는 것이다. 하나님의 사랑과 능력은 무한하다. 그래서 이 무한한 하나님의 사랑과 능력은 그 믿음을 정의하는 사람에 의해서 결정된다.

네 믿은 대로 될지어다 마 8:13

혈루병에 걸린 여인의 믿음에도 자신만의 공식이 있었다. 자신이 예수님의 옷에 살짝 손만 대도 나을 수 있다는 것이다. 누가 이 여인에게 이것을 말해 주었을까?

백부장의 믿음은 무엇일까? 예수님이 아예 자신의 집에 오실 필요가 없다는 것이다. 그 자리에서 예수님이 말씀만 하시면 집에 있는 하인이 낫겠다는 것이다.

바디매오는 앞이 보이지 않았다. 그의 믿음은 무엇일까? "다윗의 자손 예수여! 나를 불쌍히 여기소서"라고 소리를 치면, 예수님이 듣고 자신을 고쳐 주실 것이라는 것이다.

예수님이 이 모든 사람들에게 하신 말씀이 있다.

"네 믿음이 너를 구원하였다."

우리도 자신만의 믿음이 있다. "내가 열심히 교회학교 교사로 아이들을 섬기면, 하나님이 내 자녀에게 축복하실 거야." "십일조를 내면 하나님이 내 사업을 책임져 주실 거야." 정말로 십일조를 낸 그 달부터 매출이 급격하게 증가한다. 이렇듯 자신이 내린 믿음의 정의를 가지고 예수님과 믿음의 관계를 시작한다. 매우 즐겁다. 그런데 신앙생활이 우리의 믿음대로만 된다면 얼마나 좋겠는가?

믿음이 깨질 때가 진짜 믿을 때다

야이로는 생각하지도 못한 복병을 만난다. 또 한 명의 믿음의 사람, 혈루병을 앓는 여인이다. 이 혈루병을 앓는 여인 역시 자신의 믿음대로 병이 나았다. 예수님이 그녀의 믿음대로 병을 낫게 해 주셨다면 축복하고 그녀를 보내시면 될 텐데 그 여인을 계속 찾으신다. 선뜻 사람들 앞에 나오지 못하는 여인의 사정을 헤아리고 찾지 않으실 법도 한데 계속 찾으시는 것이다.

"주님, 저 바쁘거든요! 그리고 그 여인은 이미 낫지 않았습니까? 내 아이는 죽어 간다구요!"

야이로는 이렇게 외치고 싶었을 것이다. 시간이 지체되어 내 딸이 예수님 기도를 받기 전에 죽는다면 예수님과 함께 간들 무슨 소용이 있겠는가? 1초가 피가 마르는 것처럼 다급하다.

드디어 혈루병을 앓는 여인이 자신의 정체를 밝힌다.

'아, 이제 끝났구나. 예수님! 빨리 가시지요.'

그런데 이 여인이 갑자기 울면서 자신의 이야기를 쏟아 내기 시작한다. 10분이 지났지만 아직 자신의 어렸을 때 이야기를 하고 있다. 여인이 한 마디 한 마디 내뱉을 때마다 야이로의 마음도 철렁철렁 흔들린다. 그것은 그의 믿음도 마찬가지다. 야이로의 믿음이 무엇인가? 딸이 죽기 전에 예수님이 가셔서 기도해 주셔야 낫는다. 딸이 죽으면 끝이다.

사람들은 제각기 다른 문제와 이유로 자기 나름대로 믿음의 기준을 가지고 있다. 이러한 '자기 믿음'은 우리로 하여금 예수님을 찾고 구하고 관계할 수 있게 해준다. 자기의 믿음대로 환경과 상황이 움직여질 때, 우리의 신앙생활은 신이 난다. 그런데 나름대로 열심히 신앙생활을 하고 있는데, 문제가 해결될 기미는 없고 환난이 더 심각해진다면 우리는 이런 생각이 든다.

'내가 지금 잘 믿고 있는 거야?'

야이로의 위대성은 이러한 의심이 드는 순간에도 예수님을 끝까지 기다렸다는 것이다. 상황과 환경이 자신의 믿음대로 흘러가지 않아 두렵고, 의심도 들고, 화가 나기도 했지만, 끝까지 믿음으로 기다렸다. 바로 그때 야이로의 집에서 사람이 도착한다.

"당신의 딸이 막 죽었습니다. 그러니 더 이상 예수님을 귀찮게 하지 마십시오."

이 말은 이제 딸이 죽었으니 더 이상 예수님을 붙들고 있을 필요가 없다는 의미다. 이것이 당신의 믿음의 이유 아니었느냐, 라는 것이다.

"내가 이럴 줄 알았다고요!"

야이로는 예수님께 쏘아붙이고 싶었을 것이다. 그 순간 예수님이 말씀하신다.

"두려워 말고 믿기만 하라."

우리가 주목해야 하는 것은 이때가 예수님이 야이로에게 처음으로 '믿음'을 언급하신 때라는 것이다. 그때가 진정 믿을 때라는 것이다. 우리의 믿음이 무너져서 모든 것이 두려워질 때, 바로 그 순간에 믿는 믿음이 진짜 믿음이라는 것이다. 이 믿음이 우리가 기대하고 상상할 수 없었던 위대한 기적을 일으킨다.

자기 믿음은 가공한 믿음이다. 즉 자신의 상황과 환경에 기초해서 인간의 경험과 생각으로부터 나오는 믿음이다. 자신을 믿는 믿음이다. 무한한 하나님의 역사를 체험하고 싶으면 자기 믿음의 기준이 끝났을 때, 한계라고 느낄 때, 그 순간에도 끝까지 믿어야 한다. 이것이 진짜 믿음이다.

우리도 자기 기준으로 믿음 생활하다가 그 믿음이 깨지면 속으로 이렇게 생각한다.

'내가 이럴 줄 알았어. 그래서 내가 교회 다니지 않으려고 했는데. 내가 직분을 맡지 않으려고 했는데. 거 봐. 나는 안 되잖아!'

이렇게 자기 믿음으로 결론을 내 버린다.

믿음의 주도권이 바뀌다

야이로의 믿음은 딸이 죽었을 때 깨졌다. 솔직히 더 이상 하나님을 바라고 기도할 이유, 예수님과 동행해야 할 이유가 사라졌다. 주도권이 바뀐 것이다. 그 전에는 자신이 예수님을 이끌고 가려 했다. 그런데 지금은 예수님이 먼저 인도하신다. 이미 죽어서 장사 지내야 하는 그 딸에게로 발걸음을 옮기신다. 딸이 죽고 나서 그렇게 바쁘게 이동한들 무슨 소용이 있을까? 의문이 든다. 그런데 야이로는 예수님을 따라갔다. 예수님을 믿기 때문에, 혹은 예수님께 바라는 것이 있어서 따라간 것이 아니다. 예수님이 먼저 길을 인도하시기에 그저 뒤따라가는 것이다. 믿음의 본질이 여기에 있다.

예수님의 뒤를 따라가면서 야이로는 무슨 생각을 했을까?

'내가 뭐 하는 거지? 지금 예수님을 모시고 가면 이미 죽었는데 무슨 소용 있냐고 사람들이 비웃을 텐데. 두려워 말고 믿기만 하라는 예수님의 말씀은 도대체 무슨 뜻이지? 예수님은 죽은 사람도 살릴 수 있다는 말씀일까? 그래서 지금 나와 함께 우리 집으로 가시는 거야? 죽은 사람이 다시 살았다는 이야기는 들어 보지 못했어. 그럼 도대체 예수님은 우리 집에 가서 무엇을 하시겠다는 거지? 혹시 내 딸이 아직 살아 있는데 죽었다고 잘못 판단한 것이 아닐까?'

그는 두려움 반, 기대 반으로 예수님을 따라간다. 드디어 집에 도착했다. 아니나 다를까 장례가 시작되었다. 사람들이 헌화하며 통곡하고 있다. "아, 역시 잘못된 기대였어. 예수님! 이제 정말 끝입니다"라고 말하고 싶을 때 예수님께서 이렇게 말씀하신다.

"이 아이가 죽은 것이 아니라 잔다."

사람들이 비웃는다. 마치 그 예수님을 모셔 온 야이로를 비웃는 것 같다. 예수님은 야이로에게 죽은 딸이 있는 곳으로 가자고 명령하신다. "이제 와서 왜요?"라고 따지고 싶다. 그런데 이제 예수님이 딸아이의 손을 잡으려 하시는 것이 아닌가? 율법에 따르면, 죽은 시체를 만지는 것은 부정한 일이다. 죽은 자와 산 자 모두 부정하게 된다. 죽은 딸의 장례식마저 부정하게 되어 치르지 못하게 된다. '예수님 도대체 왜 그러세요?' 이 타자가 하는 행위는 모두 나의 경계 밖의 일이다. 불평이 터져 나오지 않을 수 없다.

자기 믿음에서 부활 신앙으로

"달리다굼, 일어나라." 이 타자가 선포하자 "딸이 곧 일어나서 걸었다." 야이로의 믿음의 목적은 죽기 전에 딸의 병을 고치는 것이었다. 하지만 예수님은 야이로가 기대하지 않은 믿음을 얻게 하셨다. 죽음을 이기게 하신 것이다. 죽음이라는 인간의 경계를 넘어서 부활이라는 무한의 세계를 경험한 것이다. 모든 사람은 병에 걸리게 마련이다. 우리가 앓고 있는 병에서 나음만 받으면 모든 인생의 문제가 해결된 것일까? 아니다. 또 다른 병에 걸릴 수 있다. 하나의 문제를 해결하면 또 다른 문제가 생긴다. 그렇다면 우리 인생의 근본적인 문제는 무엇일까? 병일까? 문제일까? 그것은 죽음이다.

야이로는 자기 믿음이 무너졌을 때도, 여전히 예수님을 믿었다. 아니 믿지 못했지만 끝까지 함께하며 예수님의 주도권을 따랐다. 비록 때로 두렵고, 원망스럽기도 했지만 말이다. 그때 야이로는 인간의 모든 문제의 원인이 되는 죽음의 문제를 해결 받았다. 영생을 선물 받았다. 딸이 다시 아플 수 있다. 그 자신도 언젠가는 병들어 죽을 것이다. 물론 그때도 두려울 것이다. 하지만 그 두려움 속에서도 평안을 얻을 수 있다. 믿음으로 죽음을 이겨 보았기 때문이다.

우리도 자기 문제로 인해 예수님께 나아간다. 자기 믿음이다. 그러나 예수님은 우리에게 십자가를 주신다. 그 십자가로 우리의 믿음은 산산조각이 난다. 축복을 바라고 헌신했는데 고난이 찾아오고, 사랑을 바라고 먼저 섬겼는데 오히려 핍박을 받는다. 모든 것이 불확실하고 두렵다.

우리가 기쁨으로 그 십자가를 지지 못할 수 있다. 실패할 수도 있다. 의심하고 원망하느니 차라리 믿음의 길을 내려놓고 싶다.

그런데 바랄 수 없는데, 바래야 진짜 믿음이다. 우리의 눈으로 보지 못한다고 해서, 바랄 수 없다고 해서, 하나님의 능력이 없는 것이 아니다. 오히려 우리 얕은 믿음의 기준과 한계가 깨질 때, 우리의 한계를 초월하시는 하나님의 진짜 능력이 역사한다. 그 능력은 다름 아닌 죽음조차 끊어 낼 수 없는 하나님의 사랑이다.

우리의 믿음이 깨지는 바로 그 순간에도 그 무한한 하나님을 바란다면, 우리의 믿음을 깨지게 한 그 십자가에서 우리는 진정한 부활을 체험한다. 자기 신앙이 아닌 부활 신앙이 되는 것이다. 자기 믿음이 아닌 십자가 믿음이 되는 것이다. 성경 속 모든 믿음의 사람들은 이렇게 자기 믿음이 깨지는 경험을 했다. 왕자였던 모세는 자기 힘으로 민족을 구원하려 한 믿음이 깨졌다. 요셉은 보디발로 인해 자신에게 축복하시는 하나님이라는 믿음이 깨졌다.

모든 것이 끝났다고 우리의 믿음과 이성이 말하고 있는데, 우리의 몸이 예수님을 따르는 것은 참으로 두렵다. 모든 것은 불확실성의 연속이다. 믿음의 동의어는 확신이 아니다. 두려움이다. 인간이 가진 최고의 욕구는 안정성(security)이다. 사실 우리에게 천국이란 삶의 모든 불확실성이 제거된 우리의 지식과 경험으로 완전히 통제가 가능한 세상이다. 그리고 이것은 자기 믿음으로 얻어진다.

하지만 믿음으로 '의'를 얻는 진정한 믿음은 타자가 주는 불확실성을 즐긴다. 그래서 우리의 믿음은 베드로처럼 깊이를 모르는 바다에 두 발, 아니 한 발이라도 떼어 볼 때 시작되는 것이다.

믿음은
확신이 아닌 두려움이다,

베드로의 믿음

Trust의 믿음은 어떻게 시작되는가?

제자들이 탄 배는 갈릴리 바다 한가운데서 큰 풍랑을 만나게 된다. 뭍에 있던 예수님은 제자들이 있는 곳까지 바다 위를 걸어 오셨다. 제자들은 예수님을 보고 유령이라 소리치며 무서워한다. 그런데 사뭇 다른 반응을 보인 제자가 있었다. 베드로다.

"만약 당신이 주님이시면 내가 이 배에서 나가 당신과 같이 물 위를 걷게 하소서!"

베드로는 도대체 왜 이와 같은 말을 했을까? 정말 물 위를 걸으려고 했을까?

베드로는 평생을 배에서 산 사람이다. 몇 시간 온 힘을 다해 풍랑과 싸웠으나 단 10m도 나아갈 수가 없었다. 이제 남은 것은 죽음뿐이었다. 그러나 예수님은 단 몇 분 혹은 몇 초 만에 유유히 걸어오신다. 바람과 중력을 초월하셨다. 베드로는 예수님을 보고 충격을 받는다. 저 예수님은 도대체 누구시란 말인가? 그의 믿음 속에 가두었던 예수님이 베드로에게 타자(Other)가 되는 순간이다. 나는 저 폭풍 때문에 죽었다고 절망했는데, 예수님은 바람도 중력도 초월하고 폭풍까지 다스리고 계시지 않는가? 내가 정말 그분을 믿고 있기는 한 걸까? 그래도 수제자인데, 왜 나는 풍랑 속에서 두려워하고만 있는 것일까?

그래서 베드로는 그 타자 앞에서 무한의 영역에 도전한다. "주님! 당신이 정말 제가 믿는 그 주님이시라면, 저도 주님처럼 물 위를 걷게 해 주십시오. 저도 세상 법칙과 질서 안에서만 살지 않고, 그 경계를 뛰어넘고 싶습니다. 믿는다고 하면서 자기 생각과 자신의 힘만 의지하여 세상을 두려워하는 자가 아닌, 당신같이 믿음으로 세상의 법칙과 싸워 승리하는 자가 되고 싶습니다!

자신의 이성을 기초해서 믿는 믿음(belief)이 아닌 하나님의 무한성을 신뢰하는 'trust'라는 믿음은 배 안에서 배울 수 없다. 이 trust의 믿음은 자기 생각, 노력, 힘으로 충분히 설명 가능한 자신의 편안한 울타리(comfort zone)에서는 성장하지 않는다. 그 이유는 단순하다. 정말 믿어야 할 이유가 없기 때문이다. 땅에서 두 발로 여유롭게 걸어가면서 '주님, 정말 의지합니다. 믿습니다!' 하는 것은 belief이지 trust가 아니다. 배 안에서는 이미 자신이 가고자 하는 방향이 있다. 제자들처럼 그 방향을 향해 자신의 힘과 지혜로 열심히 노를 저으면서 trust를 배울 수 없다.

진정한 믿음으로서 trust는 belief라는 경계, 그 밖을 요구한다. 깊이를 모르는 바다 위로 한 발 내딛는 것이다. 그때야 비로소 우리는 예수님을 믿는다는 것이 무엇인지 진정으로 배울 수 있다.

진정한 믿음(trust)을 시작할 수 있는 것이다.

Trust라는 믿음의 과정

예수님은 베드로의 결단에 "오라" 하며 격려하신다. 이 격려는 베드로에게 큰 의지가 되었다. 이제 물 위로 한 걸음을 내딛는다. 베드로가 걸었을까? 못 걸었을까? 마태복음 14장 29절은 "물 위로 걸어서 예수께로 가되"라고 분명히 말하고 있다. 우리는 베드로가 물에 빠진 것만 기억하는데, 그는 분명히 물 위를 걸어서 예수님께로 갔다.

얼마나 갔을까? 사람은 누구나 물에 완전히 빠지기 전에 물 위를 두세 걸음 정도는 걸을 수 있다. 그러므로 '그가 걸었다'는 표현은 적어도 여섯 일곱 걸음 정도 혹은 그 이상 걸었다는 의미다. 비록 짧은 거리이지만, 그는 정말로 물 위를 걸었다. 중력의 법칙, 죽음의 법칙을 깨고 승리해 본 것이다.

우리도 믿음으로 한 발을 내디디면, 처음에는 정말 물 위를 걸어 볼 때가 있다. 2003년 보스턴에서 성도 한 명 없이 개척을 했다. 처음에는 정말 물 위를 걷는 것 같았는데, 11년이 지나니 편안한 배 안이 되었다. 그런 나를 하나님은 다시 배에서 나오라고 억지로 바다 한가운데로 몰아내셨다. 아무 준비 없이 한국으로 나와서 그것도 강남에서 무조건 개척을 했다. 그것은 정말 나의 '경계 밖'에 속한 일이었다. 이제 3년 반이 흘렀는데 아직 걷고는 있다. 조금씩 기적을 체험하면서 말이다. 믿음으로 한 발을 내디디니 걸어지는 것이다. 그렇게 몇 걸음은 걸을 수 있다. 처음에는 기적도 체험하기도 한다. 여기까지는 좋다.

그렇게 두려움으로 때론 감격함으로 물 위를 걷던 베드로에게 갑자기 거대한 파도가 다가온다. 그를 바닷속으로 삼키고도 남을 만한 높이다. 그 순간 베드로는 다시 이성이라는 경계 안에서 belief라는 믿음이 작동한다. 내가 지금 바다 위를 걷고 있는 거야? 맙소사! 내가 지금 무슨 짓을 하고 있는 거야? 이것은 분명히 빠질 수밖에 없는 것이잖아! 아, 주님! 살려 주세요.

우리도 이렇게 물 위를 걷다가 우리의 한계를 초월하는 세상의 파도가 몰려오면 다시 베드로처럼 자기 믿음(belief)으로 급선회한다. 믿음으로 한 걸음 시작한 것이 후회가 된다. 안정적인 때로 돌아가고만 싶다. 그렇다고 돌아갈 수도 없다. 돌아가려도 바다 위를 다시 걸어야 한다. 그렇다고 우리의 믿음(belief)으로는 도저히 저 파도를 이기고 예수님께 계속 가 볼 자신도 없다. 그렇게 허우적거리다가 결국 실패한다. 이것이 바로 trust의 과정이다. 이 과정에서 우리는 두 가지의 실존 세계를 경험한다.

당연한 것이 더 이상 당연한 것이 아니다

베드로가 물 위를 걷는 것은 기적이기는 하지만 베드로가 실제로 체험한 사건이다. 믿음의 세계는 실존의 세계다. 우리가 실제로 경험하기 때문이다. 그렇다면 베드로가 물에 빠진 것이 잘못된 것일까? 믿음이 없어서일까? 20일 금식을 하고 바다를 걸어

보라. 100% 빠진다. 세상의 법칙과 질서가 다스리는 현실 세계는 실존의 세계다. 사람이 물 위를 걸으면 물에 빠진다. 절대로 걸을 수 없다. 그래서 혼란스럽다. 우리가 정말로 믿으면, 그래서 trust의 과정으로 들어가면 반드시 믿음의 세계와 현실의 세계가 공존한다. 예수님을 잘 믿는 것 같기도 하지만 어느새 세상을 두려워하다가 실패한다. 실패한 것 같았는데 어느 순간에 승리하고 있다. 베드로는 실패한 것일까? 그는 실패한 것이 맞다. 그러나 그의 실패는 실패가 아니다.

당신이 지금 해변에 있다. 바닷가에 있는 얕은 바다 위를 걸어 본다. 물속에 빠졌다고 해서 상처 받을까? 그것은 실패가 아니다. 당연한 것이기 때문이다. 세상 사람들은 물에 빠지는 것을 실패라고 말하지 않는다. 도전조차 해 보지 않는다. 그들에게는 믿음의 세계가 없기 때문이다.

그런데 베드로는 물에 빠졌다. 그런데 엄밀히 말해 이것은 실패가 아니다. 물 위를 걸어 보았기 때문이다. 믿음의 세계 속에서 잠시나마 살아 보았기 때문이다. 베드로는 눈에 보이는 것으로 인생이 결정되는 것이 아니라는 것을 알았다. 우리가 할 수 있는 능력으로 모든 것이 결정된다면, 우리가 믿음으로 도전하고, 또한 나의 한계를 뛰어넘는 하나님의 무한의 영역을 신뢰(trust)할 이유가 어디 있겠는가?

그래서 진정한 믿음(trust)은 '믿음의 세계'와 '현실의 세계'를 공유한 사람만 경험할 수 있다. 믿음으로 도전한 사람만 가질 수 있다. 물 위를 잠시라도 걸어 보았다. 그래서 물에 빠지는 것이 당연하지 않다는 '믿음의 세계'를 인정한다. 그런데도 파도가 칠 때 어김없이 또 넘어진다. 물에 빠지는 것은 당연하기 때문이다. 그런데 이 당연한 실패가 너무 안타깝다. 진정 'trust'의 과정으로 들어선 것이다.

Trust라는 믿음의 결과

당신이 물에 빠졌다. 그냥 물에 빠져 죽을 것인가? 예수님이 바로 저기 계신데? 소리쳐야 한다. 우리가 믿는 예수님은 우리의 죽음과 질병, 세상의 모든 문제에서 승리하신 분이다. 당연히 손을 내밀고 "주님! 살려 주세요. 구원해 주세요" 하고 외쳐야 한다. 이것이 진정한 trust의 믿음이다.

이 믿음은 우리가 물에 빠져 봐야 얻을 수 있다. 이때 우리가 내미는 손은 단순히 '일이 잘 안 되니까 기도나 한번 해 볼까?' 하는 손이 아니다. 우리 안에 있는 모든 열정, 에너지, 온몸의 힘을 다해 내미는 손이다. 이 손끝에 우리의 모든 것이 몰입된다. 예수님은 즉시 우리에게 손을 내미신다. 그리고 물속에서 건지시며 물 위로 나를 세우신다.

우리는 지금, 다시 물 위에 서 있다. 그분과 함께 물 위에 서 있는 사람만이 예수님의 손을 의지한다는 것이 어떤 의미인지 알 수 있다. 베드로가 예수님과 함께 배 위에 어떻게 다시 오를 수 있었을까? 뛰어갔을까? 걸어갔을 것이다. 예수님의 손을 잡고 갔을 것이다. 맨 처음 그가 두려움으로 걷던 물 위, 그 믿음의 길을 지

5장_믿음의 능력을 얻는 방법: 타자(他者) 앞에 서 보기

금은 예수님과 함께 손잡고 걸어가고 있다. 아직도 두렵기는 하지만 그래도 처음 느꼈던 두려움과 같지는 않다. 왜냐하면 그의 손에는 예수님의 손이 있기 때문이다. 그리고 그 손을 베드로가 진정 신뢰(trust)하고 있기 때문이다. 물속에서 우리를 건지시고, 물 위에 우리를 세우신 그 손이 우리와 함께 있다면 걷지 못할 길은 없다. 그렇게 베드로는 예수님과 함께 배까지 걸어올 수 있었다. 배에 있는 제자들은 두려워하며 베드로에게 묻는다.

"우아! 베드로! 괜찮아? 어땠어?"

베드로가 대답한다.

"정말 알고 싶어? 그러면 너도 이 배 밖으로 나가서 깊이를 모르는 바다에 너의 두 발을 내디뎌 봐! 그러면 예수님을 믿는다는 것, 그의 손을 의지한다는 것이 어떤 의미인지 제대로 알 수 있을 거야!"

끝까지 따라가겠습니다

나는 베드로가 물에 빠진 사건은 후에 베드로가 예수님을 부인한 사건의 전조라고 해석한다. 예수님이 십자가를 지기 위해서 로마군에 잡히시자, 베드로를 제외한 모든 제자가 도망갔다. 예수님이 세우시는 나라에서 높은 자리 한 자리씩 꿰차려는 그들의 믿음이 무너진 것이다. 제자들은 안정적인 배 안에서만 예수님의 기적을 보기 원했다. 예수님이 그들의 믿음의 수준을 넘어 십자가의 길을 가시자, 함께 따라가기를 포기한 것이다. 하지만 베

드로는 다르다. "주님 나를 명하사 물 위로 오라 하소서" 이 말은, "모두 주를 버릴지라도 저만은 끝까지 따라가겠습니다"(요 13:37)는 말이다.

타자의 얼굴을 보다

그래서 베드로는 예수님이 가시는 십자가의 길을 정말 따라간다. 예수님이 대제사장들에게 조롱당하고, 군인들에게 주먹질당하고, 백성들에게 버림받는 그 적나라한 현장을 목격하는 것이다. 아! 따라갈 수 없는 것이었다! 그는 예수를 세 번이나 부인한 후 닭이 울 때에야 자기가 실패한 것을 안다. 물에 빠진 것이다. 바로 그때 여전히 사랑의 눈으로 자신을 바라보시는 예수님의 얼굴을 마주하게 된다. 진정한 구원자의 얼굴이다. 그 얼굴에 이끌려 베드로는 십자가의 현장까지 따라갔지 않았을까? 자신을 위해 십자가에 높이 들려 물과 피를 전부 쏟아 내신 주님의 얼굴을 바라보았을 것이다.

이제 그 주님은 없다. 먹고살기 위해서 다시 고기를 잡는다. 그런데 더 이상 고기를 잡아 돈을 버는 것도, 높은 자리에 올라가는 것도 의미가 없다. 그분의 사랑을 알아 버린 것이다. 그 얼굴을 똑바로 볼 수 없는 실패자요, 파렴치한 배반자다. 그래서 멀찍이 그 십자가를 바라보지만, 그 십자가에서 흘린 주님의 사랑이 나를 위한 것임을 알아 버린 이상, 이제 예수님이 그의 전부가 되어 버린 것이다.

그렇게 예수님을 사랑하게 되었는데, 이제는 오히려 예수를 따라갈 수가 없다. 내 능력으로 십자가를 질 수 없음이 완전히 증명되었기 때문이다. 세 번이면 충분하지 않은가? 이래도 저래도 할 수 없어, 그냥 고기를 잡는다.

나를 사랑하느냐? 내 양을 먹이라

그렇게 실패한 베드로를 예수님이 찾아오신다. 그리고 손을 내밀며 이렇게 말씀하시는 것이다.

"요한의 아들 시몬아 네가 이 사람들보다 나를 더 사랑하느냐?"

더 사랑할 수밖에 없다. 십자가의 현장에서 타자의 얼굴 앞에 선 자는 베드로뿐이었기 때문이다.

"네 주님, 끔찍이도 사랑해요."

목이 터지게 소리치고 싶었을 것이다. 그런데 말할 수가 없다. 사랑은 하는데 따라갈 자신은 없기 때문이다. 예수님이 나를 사랑한 것같이 내가 주님을 사랑할 자신이 없는 것이다.

"주님 당신이 잘 아시잖아요!"

참 적절한 대답이다. 그 대답에 대한 예수님의 말씀이 흥미롭다.

"내 양을 먹이라."

도대체 무슨 말씀인가? 예수님은 이 질문과 "내 양을 먹이라"는 당부를 세 번 하신다.

십자가 앞에 서 본 사람만이 예수님의 무한한 사랑을 경험한다. 그러나 그 무한성은 우리의 유한성을 폭로한다. 그 무한자에게 받은 놀라운 사랑을 그분께 되돌릴 능력은 없다. 예수님은 "내가 너희를 사랑한 것처럼 너희도 나를 사랑해" 말씀하시지 않는다. "내가 너희를 사랑한 것같이 너희도 서로 사랑하라"(요 13:34)고 말씀하신다. 우리는 그 사랑을 되갚을 수 없다. 다만 흘리는 것이다. 누구에게 흘려야 할까? 바로 베드로같이 연약한 자, 잘 넘어지는 자다. 양이다. 연약한 성도, 실수투성이인 형제와 자매들, 바로 타자다.

> 그러나 내가 너를 위하여 네 믿음이 떨어지지 않기를 기도하였노니 너는 돌이킨 후에 네 형제를 굳게 하라 눅 22:32

이로써 모든 사람에게 우리가 그분의 제자로 인정받게 된다(요 13:35).

이제 베드로는 자신의 왼손으로 예수님의 손을 꽉 붙잡고 물 위를 걷는다. 그런데 그의 오른손으로 잡고 있는 또 한 사람이 있다. 바로 주님이 베드로에게 맡기신 양이다. 지금 당신의 오른손이 잡고 있는 사람은 누구인가? 그 사람이 있는가? 그는 연약한 양이다. 게다가 그 양과 함께 물 위를 걷는다. 왼손에 주님 손이 있어 버티고는 있지만, 그래도 두려운 것은 당연하다. 하지만 주님은 이렇게 우리의 믿음이 세상에 증거된다고 하신다.

천국의 주인공, 강도의 믿음

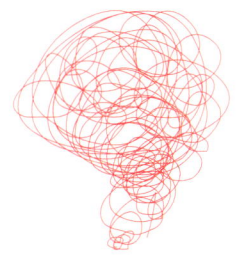

강도가 천국의 주인공이라면?

예수님 옆의 강도는 부끄러운 구원의 대명사다. 평생 나쁜 짓만 하다가 죽기 전에 예수님 옆에 있었고 예수님을 믿게 되어 간신히 하늘나라에 들어갔다. 그런데 오늘 예수님의 말씀은 이러한 상식을 뒤집어 놓는다.

"오늘 네가 나와 함께 낙원에 있으리라."

이 말씀은 오늘 내가 하나님 나라에 들어갈 때 너와 함께 들어가겠다는 뜻이다. 베드로도 아니고 바울도 아니고, 이 강도와 함께 영광의 나라에 들어가시겠다는 것이다. 예수님이 "천국의 영광에 누구와 함께 참여할까?" 고민하다가 이 강도를 선택하신 것은 의도적이다. 이 강도는 천국의 부끄러운 시민이 아니다. 천국의 주인공이다. 그러면 우리도 세상에서 마음껏 나쁜 짓 하다가 죽기 전에 예수 믿으면 될 것 같다. 이렇게 처음 된 자가 나중 되고, 나중 된 자가 처음 되는 구원은 정말 불편하다.

예수님은 어떤 근거로 이 강도의 믿음을 그토록 귀하게 여기신 것일까? 누가복음은 이 강도가 알고 있는 몇 가지 사실을 가르쳐 준다.

첫째, 이 강도는 자신이 저지른 악에 대한 동일한 정죄(눅 23:40), 상당한 보응(눅 23:41)을 십자가에서 받는다는 것이다. 그러나 예수님은 죄에 대한 보응으로 십자가를 지신 것이 아니다. 이 강도는 죄에 대한 보응으로써 죽는 자신과 달리, 예수님은 죄가 없지만 십자가를 지셨다는 것을 알고 있었다. 그런데 이 강도가 고백하는 놀라운 믿음이 있다. 예수님이 이제 곧 그분의 나라를 세우시고, 영광스럽게 그 나라에 들어가실 것이라는 것이다(눅 23:42). 그리고 더 위대한 믿음은 그때 "나를 기억하소서"라고 고백한 부분이다. 지금 십자가에서 죄에 대한 보응으로 죽어 가는 나도 예수님이 원하시면 그 나라에 들어갈 수 있다는 것이다. 이 믿음의 고백을 보시고 예수님은 "그래! 내가 너와 함께 내 나라의 영광에 들어가겠다"고 선포하신다. 위대한 믿음의 고백이라는 것이다.

죽음의 현장에서 부활을 믿다

이 강도의 믿음이 왜 위대할까? 부활하신 후에 예수님의 부활을 믿기는 비교적 쉽다. 의심 많은 도마도 믿었다. 그러나 십자가에서 돌아가시기 전에 그의 부활을 믿은 사람은 거의 없다. 이 강도와 예수님의 발에 향유를 부은 여인 정도다. 더욱이 강도가 예수님을 믿은 시점은 예수님이 살 수 있는 가망성이 단 0.001%도 없는, 피를 다 쏟으며 가장 끔찍하게 죽어 가는 순간이다.

예수님은 의로우시니 0.001% 정도 다시 살아날 가능성이 있다고 치자. 엄청난 죄를 짓고 마땅히 받아야 하는 보응을 받아 십자가에서 죽어 가는 자신의 부활은 도대체 어떤 근거로 소망한 것일까? 참 염치도 없다. 이 강도의 믿음이 위대하다는 말에 동의하기가 어렵다면, 아마 그 이유는 로마의 법으로 집행하는 십자가형의 의미를 잘 모르기 때문일 것이다.

로마가 그토록 오랫동안 제국의 권력을 유지할 수 있었던 것은 로마의 법 때문이다. 기원전 451년경 제정된 12동판법은 최초의 성문법으로 현재 미국, 일본, 대한민국 법의 기초가 되었다. 로마는 이 법의 합리성으로 보편성을 담보하면서 동시에 법의 강력한 집행력으로 제국을 오랫동안 유지할 수 있었다. 범죄에 대한 징벌은 단순한 징벌이기보다는 보복에 가까울 만큼 엄중했고, 특히 로마 권력에 대항하는 세력은 법으로 무참히 짓밟았다. 이 법으로 로마인들이 고안해 낸 법적 형틀이 바로 '십자가'다.

십자가형이란 죄인을 가장 수치스럽고 가장 확실하게 죽이는 방법이다. "네가 로마의 법을 어겼어, 로마를 대항해서 죄를 지었어! 그럼 너는 이제 완전히 끝이야." 이것을 보여 주기 위함이다. 당시 사람들이 예수님의 부활을 받아들이기 힘든 이유가 여기에 있다. 그냥 죽어서가 아니다. 십자가에서 죽었기 때문이다. 어떻게 십자가에서 죽은 사람이 구원자가 될 수 있는가? 가장 극악한 흉악범이, 가장 무능력한 사람이, 가장 수치스럽게 죽은 사람이, 완전히 끝난 사람이 다시 산다는 것은 십자가 의미를 아는 1세기 사람들에게는 불가능한 상상이었다. 그래서 예수님이 십자가를 지려 하자 제자들이 "이제 정말 끝났어!" 하고 뿔뿔이 도망간 것이다. 로마의 '십자가형'이란 완전한 끝을 의미했고, 동시에 로마와 그 권력의 영원함을 의미했다.

이 십자가의 강도는 자신이 로마에 대해 끔찍한 죄를 지었고, 이에 대한 응보로 십자가에서 죽는 것이며, 그 결과는 모든 것이 끝이라는 것을 잘 알았다. 더 이상 어떤 소망도 없다는 것을 명확히 이해하고 있었다. 그래서 이 강도의 믿음이 위대한 것이다. 십자가에서 죽어 가면서도, 다시 '소망이 있다'고 선포하고 있기 때문이다.

완전한 끝에서 희망을 보다

강도는 예수님에 대한 풀리지 않는 궁금증이 있었다. '나는 보응을 받아 십자가에서 죽지만 예수님은 왜 죄도 없으면서 이 십자가를 지는가?'이다. 십자가에서 죽은 패배자를 누가 따르겠는가? 유대인의 왕이라고 하는데, 도대체 그가 이루려는 나라는 어떤 나라이기에 죄도 없으면서 나와 같은 이런 끔찍한 고통과 죽음을 당하려 하는 걸까?

병사들은 예수님의 손과 발에 대못을 박으면서 "네가 유대인의 왕이라면 네 스스로를 구원해 봐!"라고 조롱한다. 하의까지 벗겨 인간의 마지막 존엄성마저 빼앗아 버렸다. 나도 행악자이지만 그들의 악함에 치가 떨린다. 내가 할 수만 있다면 십자가에서 내려가 한 대 쳐주고 싶다. 바로 그때 강도는 예수님의 입에서 나오는 작은 절규를 듣고 심장이 멈추는 것 같았다.

"아버지! 저들의 죄를 사하여 주옵소서. 저들은 자기들이 하는 것을 알지 못함이니이다."

그들의 '악함'으로 끔찍한 고통을 당하실 때마다 그 절규는 반복되었다. 예수님은 기도만 한 것이 아니었다. 그들의 '악함'이 예수님의 몸에 채찍과 창으로 사정없이 내리칠 때 예수님은 그것을 거부하지 않으셨다. 오히려 그들의 '악함'을 자신의 온몸의 아픔과 고통으로 받아들였다.

강도는 충격을 받는다. 예수님 자신의 기도처럼 그들의 악에 상응하는 보응을, 죄에 대한 정죄함을, 자신의 몸으로 대신 감당하고 계신 것이다. 그때 강도의 머리를 스치는 깨달음이 있었다.

'아! 예수님은 정말 그들의 죄를 사하고 계시는구나! 말로 사하시는 것이 아니라 그들의 죗값만큼, 동일한 정죄를, 상당한 보응을, 온몸으로 대신 감당하시는구나! 그래서 지금 그들의 죄를 사하고 계시는구나! 아, 바로 이것이 이유였구나! 죄가 없으신 예수님이 십자가를 지시는 이유는 동일한 죄의 대가를 자신의 몸으로 치러 내심으로 우리의 죄를 완전히 사하시기 위함이었구나!'

강도는 그제야 예수님이 이루시려는 구원이 무엇인지, 예수님께서 세우시려는 나라가 무엇인지 깨닫는다. 예수님이 이루시려는 구원은 죄에 대한 구원인 것이다. 그가 대신 몸으로 정죄를 당함으로써 사람들의 죄를 사하시고 다시는 정죄를 받지 않게 하기 위함인 것이다. 이것이 예수님이 세우려는 나라의 법과 원칙이다.

로마의 법은 '상응하는 보응'이 원칙이다. 잘못하고 죄를 지으면 반드시 동일한 죄 값을 받아야 한다. 십자가는 죽음으로써만 죄 값을 치른다. 하지만 예수님이 이루시려는 나라의 법칙은 '대속'이며 '은혜'다. '상응하는 보응'이 아닌, 아무런 조건 없이 죄인들이 받아야 할 그 보응을 예수님이 대신 값없이 처러 주시는 것이다. 강도는 바로 여기에서 실낱같은 희망을 본다. 로마가 다스리는 이 땅에서 십자가는 '너는 완전 끝이야'를 의미했다. 그러나 예수님의 십자가는 오히려 소망이다. 나보다 더 악랄한 저들의 죄도 값없이 감당하여 주셨는데 지금 예수님이 지시는 십자가라면, 나의 죄에 상응하는 나의 죄 값은 넉넉히 처러 주실 수 있지 않겠는가?

이제 이 강도는 위대한 믿음의 고백을 한다. "주님, 당신이 이 십자가를 지심으로 이 땅에 당신의 나라를 완성하시면, 그래서 이 세상 나라의 '보응'(눈에는 눈, 이에는 이)의 법칙이 무너지고 당신 나라의 법칙, 은혜의 법칙이 세워질 때, 저를 기억해 주세요. 로마의 법을 어긴 죄인이지만, 그래서 그 법으로는 죽어야 하지만, 당신의 십자가 은혜로 인해 다시 살아서 참 생명을 누리고 싶습니다."

낙원은 오늘 당장 경험하는 것이다

예수님이 강도에게 말씀하신다.

"오늘 네가 나와 함께 낙원에 있으리라."

진정한 낙원은 하늘나라에만 있는 것이 아니다. 예수님은 그에게 "나중에 하늘나라에서 보자"라고 하지 않으셨다. 오늘! 지금! 이다. 하늘나라는 즉각적이다. 십자가 은혜의 법이 지배하는 모든 나라, 모든 공간, 모든 곳이 낙원이요, 하늘나라다. 독생자 예수를 믿고, 은혜의 법이 지배하면 오늘 당장 우리는 낙원을 경험한다.

오늘 낙원에 살고 있는가? 아니면 지옥에 살고 있는가? 천국이 즉각적인 것처럼 지옥도 즉각적이다. 이 '상당한 보응의 원칙'이 다스려지는 곳마다 가정이든 교회든 바로 지옥이 되어 버린다. 사람들은 다 죄인이라 '상당한'(n-1)에 대한 기준이 다르기 때문이다. 상대의 잘못으로 상처를 받고 그에 상당한 보응을 하면, 그 상대는 더 큰 보응을 한다. 내가 이런 선물을 주면 저쪽에서도 이에 상응하는 무엇인가를 주어야 한다. 그런데 이러한 '상당한'의 법칙이 맞아 떨어지지 않으면 결국 관계가 끊어지게 된다. 이 원칙으로 부부 생활을 해보라. "저번에 내가 설거지를 했잖아, 이번엔 네 차례 아니야?" 내가 받은 만큼 똑같이 상대에게 해 주어 보라. 한 달 안에 지옥으로 변하고 말 것이다.

도대체 믿음의 능력은 어디에서 오는가?

이 로마의 법이, 보응의 법칙이 지금까지 우리를 수천 년 동안 지배해 왔다. 이 로마법을 정복하기 위해서 하나님이 하신 것이 있다. 의롭고 능력 있는 하나님께서 연약한 사람이 되신 것이다. 거룩한 하나님이 가장 끔찍한 죄인이 되었는데, 그 은혜의 값을 어떻게 상상이나 하겠으며 어떤 기준으로 매길 수 있겠는가? 로마가 요구하는, 사탄이 요구하는 인간의 죄에 상응하는 보응의 값을 충분하게, 완벽하게, 넉넉하게 치러 내신 값이다. 그렇게 로마법을 예수님의 십자가가 완전히 정복했다. 상응하는 보응의 값(n-1)을 무한한 사랑(n^2)으로 완전히 무너뜨린 것이다.

예수님의 십자가 이후 로마는 예수 운동을 끝내기 위해 더욱더 잔혹하게 그리스도인들을 십자가에 못 박았다. 그런데 바로 그 십자가에서 초대 교인들은 찬양을 하며 자신을 못 박는 로마인들을 축복했다. 로마가 주는 십자가가 끝이 아니기 때문이다. 이미 마음에 은혜의 십자가가 있기 때문이다. 역사적으로 로마제국이 무너지게 된 이유 중 하나가 있다면 초대교인들이 더 이상 십자가를 두려워하지 않게 되었기 때문이다.

무능력하고 수치스럽게 십자가에서 죽은 예수님의 연약함은 믿음의 걸림돌이 아니다. 그분의 무능력은 믿음의 방해물이 아니다. 나를 향한 처절한, 아니 신비한 하나님 사랑의 능력일 뿐이다. 혹시 지금 세상의 로마법으로 고통당하고 있지 않은가?

인류가 제정한 새로운 보응의 법칙이 있다. 돈과 이자라는 자본주의 시스템이다. 더 이상 감당할 수 없는 빚이 쌓여 가고 이자가 들이닥칠 때 이제는 정말 끝이라고 생각된다. 병원에서 의사가 이제 당신의 끝이라고 선고를 내릴 수도 있다. 게다가 그 '보응'은 대개 나의 죄와 연약함으로 발생한 것이다. 그래서 더욱 소망이 없다.

2천 년 전에 십자가에 달린 예수님은 어떤 기적도 보여 주시지 않는다. 이제 정말 '끝'인 것이다. 그런데 강도는 바로 이 끝에서 부활을 믿었다. 도대체 그는 어떻게 이 믿음의 능력을 얻었을까?

강도는 예수님의 십자가와 가장 가까이에 있었기 때문이다. 그래서 그 타자의 얼굴에, 그 무한한 사랑에 포로가 될 수 있었다. 믿음의 능력은 시간이 아닌 거리가 결정한다. 우리의 믿음은 결국 자기 믿음이다. 그 믿음의 시간에 비례해서 능력이 경험되지 않는다. 그래서 먼저 믿은 자가 나중 되기도 하고 나중 된 자가 먼저 되기도 한다.

지금 끝에 서 있는가?

믿음의 능력은 십자가와의 거리가 결정한다. 그 십자가와 가까이 있을수록 그 능력이 부어진다. 그래서 믿음의 한 선조는 우리에게 이렇게 묻는다.

거기 너 있었는가 그때에 주님 그 십자가에 달릴 때 **찬송가 147**

지금 끝에 서 있는가? 대개 우리는 그 끝에서야 타자의 얼굴을 본다. 십자가의 무한한 사랑을 제대로 경험하는 것이다. 지금 끝이라고 생각되는가? 이제 십자가는 그 어느 때보다 당신 가까이에 있다.

십자가로 가까이 나를 이끄시고
거기 흘린 보혈로 정케 하옵소서
십자가에 가까이 내가 떨고 섰네
거기 있는 새벽별 내게 비추시네
십자가로 가까이 행케 하옵소서
몸소 받은 고생도 알게 하옵소서
십자가에 가까이 의지하고 서서
게서 천국 가도록 항상 머물겠네

십자가 십자가 무한 영광일세
요단강을 건넌 후 무한 영광일세

/ uncomfortable /

6장

세상과 소통하는

믿음의 능력

믿음으로

세상이
바뀔까?

이제 십자가 앞에 서 보았다. 그리고 그 사랑을 이웃에게 흘린다. 그런데 흘리면서도 우리는 이러한 질문을 한다. 이렇게 흘리는 사랑이 정말 이 세상을 변화시킬까? 우리가 흘리는 사랑은 너무 유한한데, 세상이 요구하는 것은 무한하기 때문이다. 세상의 문제는 너무나도 거대한데, 우리가 가지고 있는 것은 너무 적다. 직업 없이 고통 받는 대한민국 청년들만 백만 명이 넘는다. 수억 명의 아이들이 매년 굶어 죽는다. 그 아이들을 우리가 어떻게 다 책임질 수 있을까? 임마누엘 레비나스가 비판 받는 이유가 이것이다. 타자를 통해서 무한성을 경험하는 것은 인정하더라도 우리가 그들에 대한 무한 책임을 정말 감당할 수 있을까?

작은 교회가 절대 선하고, 큰 교회가 절대 악한 것이 아니다. 문제는 세상과의 소통 능력이다. 물론 교회가 커짐에 따라 보통 그 소통의 능력은 저하된다. 요즘 대형교회는 유지하는 데 급급하다. 하지만 작은 교회도 생존 자체가 절실하다. 그래서 세상과의 소통이 힘들다. 개인의 삶도 경제적, 관계적인 수많은 문제로 히리가 휘어진다. 삶이 짊어져야 하는 문제는 무한한데 그냥 사랑만 흘리라는 것인가? 예수님도 "너희에게 믿음이 겨자씨 한 알만큼만 있어도 이 산을 명하여 여기서 저기로 옮겨지라 하면 옮겨질 것이요 또 너희가 못할 것이 없으리라"(마 17:20)고 말씀하셨다. 산이라도 옮길 수 있어야 진짜 믿음이 아니겠는가? 예수님도 제자들이 예수님보다 더 큰일을 할 것이라고 말하지 않았는가?

모든 복음서에 나오는 기적의 이야기가 있다. 오병이어, 보리떡 5개와 물고기 2마리로 장정만 5천 명이 넘게 먹은 이야기다. 장발장의 이야기도 필요하다. 그러나 현실에서 이러한 오병이어의 이야기가 우리에게 너무나 필요하다. 해결해야 할 문제가 산적한데, 돌보고 먹여야 할 사람들이 쌓여만 가는데, 우리에게는 재정도 능력도 충분하지 않기 때문이다. 우리가 어떻게 믿음으로 이러한 기적을 경험할 수 있을까?

예수님은 처음부터 오병이어의 기적을 베푸실 의도가 없으셨다. 마가복음 6장 31절에 보면, 군중들을 사역하기에 바빠서 예수님과 제자들은 식사할 겨를도 없었다. 그래서 예수님은 제자들에게 우리도 잠시 쉬자고 요청하시고는, 무리를 피해 배를 타고 갈릴리 바다 건너편에 가 계신다.

백성들이 혹 예수님을 놓칠세라 따라갔다. 하지만 베드로처럼 물 위로 걸을 수는 없다. 육지를 둘러 해안가를 뛰어 한두 마을을 지나 예수님이 가시는 갈릴리 건너편으로 먼저 가 있었다. 예수님이 배에서 내리시며 무엇을 보셨을까? 바다 건너편에 있던 바로 그 군중들이다. 해진 옷을 입고 맨발에 배고픔에 허덕이던 가난한 백성들이다. 배 저편에서 그들은 그냥 내가 도와주어야 할 대상이었다. 그런데 지금은 타자의 얼굴로 다가온다.

그들을 보자마자 예수님은 취약해지신다(vulnerable). 마가복음 6장 34절은 예수님이 그들을 불쌍히 여기셨다고 전한다. 다른 복음서는 민망히 여기셨다고 전한다. 백성들로 인해 끊어질 것 같은 아픔을 느끼셨다는 것이다. 그 누구도 이들을 억압하기만 했지 목자로서 돌봐주지 않았다. 그래서 예수님이 말씀과 사역으로 백성들을 돌보시자 그들이 밥도 제대로 먹지 못하면서 사흘 동안 예수님을 따라다닌 것이다.

백성들로 인해 취약해지셨기에 예수님이 결단하신 것이 있다.

> 친히 어떻게 하실지를 아시고 요 6:6

무엇을 하고자 하신 것일까? 내가 저들을 꼭 먹여야겠다고 결정하신 것이다. 그리고 예수님은 그렇게 할 능력이 충분히 있으시다. 그런데 대신 빌립에게 물어보신다.

"빌립아, 우리가 어디서 떡을 사서 이 사람들을 먹이겠느냐?"

예수님이 이 백성들을 다 사 먹일 만한 돈이 없다는 것을 모르셨을까? 요한복음 6장 6절에 보면 예수님의 의도가 분명히 나와 있다.

> 빌립을 시험하고자 하심이라

이 질문으로 빌립에게 가르쳐 주고 싶은 것이 있다는 것이다. 바로 믿음으로 이 땅을 천국으로 만들어 나가는 방법이다.

빌립은 제자들 중에 가장 계산이 뛰어나고 이성적인 사람이다. 그래서 예수님의 이러한 시험 문제에 '200데나리온'이라는 답을 비교적 빨리 내놓는다. 하지만 이러한 답을 내놓기 위해서는 다음과 같은 학문적 과정을 거쳐야 한다.

첫째, 철저한 객관화다. 정확한 답을 산출하기 위해서 앎의 주체는 관찰자가 되어 앎의 객체와 철저하게 분리되어야 한다. 예수님같이 백성들이 불쌍하다고, 그들의 아픔에 동화되어 자기 문제화시키면 감정이 개입된다. 그러면 오류와 오차가 발생하게 된다.

객관화가 되었다면 이제 계량화 작업이 가능해진다. 예수님께 이 백성의 무리는 단지 오천 명이 아니다. 그들 한 명 한 명의 눈동자에 담겨 있는 아픔의 이야기가 들리기 때문이다. 하지만 빌립은 객관화라는 작업 덕분에 그렇게 아파하는 백성 한 명, 한 명을 어떤 인간적 불편함 없이 편하게 다룰 수 있는 숫자로 만들어 버린다. 여성과 아이까지 합하면 2만 명쯤 되는 숫자인 것이다.

정확한 데이터 작업이 끝났으면, 이제 간단한 리서치와 계산만 하면 된다. 그의 표현대로 각 사람으로 조금씩 먹게 할 수 있는 가장 값싼 음식은 무엇인가? 예를 들어 천 원짜리 맥버거라고 하자. 그것을 2만 명에게 준다면 필요한 액수는 2천만 원이다. 한 데나리온은 노동자의 하루 평균 임금이다. 지금 시세로 한 10만 원쯤 한다고 하자. 이제 빌립은 예수님의 취약한(vulnerable) 마음에서 나온 질문을 아주 편리한 질문으로 바꾸어 버린다. 한 데나리온이 10만 원이라고 할 때 2천만 원은 몇 데나리온일까?

"예수님, 여기 정답이 있습니다. 200데나리온이 있어도 부족합니다."

우리의 정답에는 능력이 없다

이 빌립의 방법론은 데카르트 이후 지금까지 대부분의 대학과 신학교에서 진리와 정답을 찾기 위한 학문 방법으로 사용되고 있다. 데카르트는 한 치의 오차도 없는 완벽한 진리와 정답을 원했다. 그래서 그는 많은 오류의 원인이 되는 인간의 감정을 앎의 과정에서 철저히 배제시켰다. 앎의 주체자는 객체와 철저히 분리되어 앎의 대상을 자신의 관점에 따라 편하게 규정한다. 언제나 문제는 아픔과 고통이 가득한 삶의 현장에서 나온다. 그러나 대부분의 정답은 실험실과 연구실에서 나온다. 정확한 객관화와 편리한 계량화가 가능하기 때문이다.

이 세상에서 우리가 마주하는 수많은 크고 작은 문제들이 있다. 가난과 질병, 부정의와 불평등, 청년 실업과 갈등, 그리고 전쟁이다. 교회의 문제도 마찬가지다. 수많은 성도가 각자 삶의 현장에서 복잡하고 힘든 그 무한한 문제들을 들고 교회에 온다.

그런데 이를 위한 해답과 정답이 연구실이나 회의실에서 쏟아져 나온다. 이러한 연구와 정답도 필요하다. 그러나 이것만으로 우리가 이 세상을 하나님 나라로 변화시킬 수 있을까? 정말 문제를 해결할, 산을 움직일 능력이 그 속에 있을까?

여기에 대한 대답이 빌립으로부터 나온다. "예, 200데나리온으로도 부족합니다." "우리가 그런 돈이 어디 있습니까? 예수님 돈 있으세요?" 정답으로는 안 된다. 정답은 언제나 거대한 문제 앞에 우리를 소시민이 되게 만든다. 무한성 앞에, 우리의 초라함만 더욱 커 보이게 한다. 정답은 알지만 실제로 돈과 권력이 지배하는 이 세상에 하나님 나라를 회복할 수 있는 능력이 우리에겐 없기 때문이다. 힘도, 자본도, 권력도 없고, 사람도 부족하다.

안드레가 본 타자의 얼굴

바로 이때 다른 한 제자가 등장한다. 가난한 아이의 점심이었던 보리떡 다섯 개와 물고기 두 마리를 가져온 안드레다. 그는 "그것이 이 많은 사람에게 얼마나 되겠사옵나이까?" 하며 겸연쩍어한다. 안드레는 열두 제자 중 예수님의 마음에 가장 민감했던 제자다. 예수님께서 배에서 내리면서 무리를 보실 때 예수님의 얼굴에 나타난 그 상한 마음을 목격했던 것이다. 바로 타자의 얼굴 앞에 서게 된 것이다. 그럼 취약해지게(vulnerable) 된다. 빌립같이 편하게 정답을 들이댈 수 없다. 그렇다고 그냥 앉아 있을 수만은 없다. 그래서 빌립과 달리 안드레는 무리들 가운데로 뛰어가서 외친다.

"혹시 빵이나 먹을 음식을 가지고 계신 분 있습니까? 아무것이나 괜찮습니다."

몇 시간을 가난하고 헐벗은 백성들 가운데서 목청이 쉬도록 해결책을 찾아보았지만, 결국 안드레가 얻은 것은 어린이의 볼품없는 한 끼 점심이었다.

안드레가 맨 처음 무리를 향해 뛰어갔을 때 200데나리온 어치의 떡을 구할 수 있다고는 생각하지 않았을 것이다. 하지만 적어도 예수님께 드려도 민망하지 않을 정도, 그래서 예수님의 상한 마음에 위로가 될 수 있는 만큼은 얻을 수 있다고 생각했을 것이다. 그런데 그 손에 들린 물고기는 헬라어로 '옵사리온'이란 뜻이다. 너무 작아서 시장에 팔 수도 없어 어부들이 버리는 그런 물고기다. 보리떡 역시 거칠고 맛이 없어 가난한 사람들이나 먹는 그런 떡이었다. 그야말로 가난한 아이의 볼품없는 점심이다. 과연 안드레가 이 볼품없는 오병이어를 보자기에서 풀어 내 보이면서 예수님께 드리기가 쉬웠을까?

믿음 속에 있는 수치심

당신이면 어떻게 하겠는가? 나라면 드리지 않았을 것이다.

"꼬마야 정말 고마운데 이건 더 이상 필요 없게 되었어. 그냥 네가 먹을래?"

그리고 아무 일도 없던 것처럼 조용히 제자들 사이에 와서 앉았을 것이다. 수치심(shame) 때문이다.

인간이 본성적으로 가장 두려워하는 것이 수치심이다. 누구에게나 허물이 있다. 그래서 그 허물은 어느 정도 감추어지고 포장

되어 꺼내 놓아야 한다. 그런데 이 허물이 외부의 힘에 의해 포장될 시간도 없이 밖으로 표출될 때 인간은 수치심을 느낀다. 어떠한 일이 주어질 때 그 일은 분명 자신의 힘과 능력을 넘어서는 것임을 안다. 성취할 수 없다는 것이다. 그래서 실패해서 초라한 모습이 그대로 드러날 때 수치심을 느낀다.

그런데 안드레는 그 볼품없는 오병이어를 완전히 꺼내 놓는다. 자신의 그 수치심(shame)을 있는 그대로 드러낸 것이다. 이것이 진정한 믿음이다. 수치심에도 불구하고 오병이어를 내놓은 안드레의 믿음의 본질은 무엇일까? 예수님이 빌립에게 시험하신 이유가 이 본질을 드러내기 위함이다. 이 세상에서 믿음으로 천국을 세워 나가는 '방법'은 인간의 정답이 아닌, 볼품없는 오병이어를 드릴 수 있는 인간의 '믿음'인 것이다. 그런데 이 '믿음'에는 극복해야 할 것이 있다. 두려움과 수치심(shame)이다.

미국에서 개척한 지 1~2년쯤 되었을 때다. 두려움과 부끄러움이 가득한 시절이었다. 두 가정과 청년 몇 명이 600여 명이 들어가는 예배당에서 예배를 드렸다. 초라했다. 토요일만 되면 그 두려움이 머리까지 차올랐다. 더 부끄러운 것은 교인들 앞에서 나의 연약함과 허물이 감추어질 새도 없이 들키고 발각되는 것이다. 그래도 목사라고 앉아 있어 주는 몇 명, 그들에게 미안하기도 하고 그런 내 모습에 화가 나기도 했다. 가끔 방문자가 올 때면 부끄러움이 배가 되었다. 그래서 내가 시도한 전략이 있는데 바로 밥 먹을 때는 최대한 풍성하게 먹는 것이었다. 메인 요리는 적어도 세 가지, 디저트도 두 가지를 준비했다.

"그래도 우리 교회가 보스턴에서는 제일 잘 먹어!"

나의 부끄러움을 감추기 위해서다.

방문자 한 가정이 왔다. 온통 신경이 그들에게 집중되어 있는데, 아니나 다를까 실망한 표정을 짓고 있었다. 부끄러웠지만 속으로 외쳤다.

"조금만 기다려라. 우리에게는 식사 시간이 있다!"

다행히 식사 때까지 남아 주었고 친교실로 갔는데, 나는 화가 나는 것을 내색하지 않느라 애를 먹었다. 아내가 하필 그날 메인 요리를 한 가지만 한 것이다. 곧 디저트 시간이 되었다. 분명히 부엌에 다른 디저트도 있는 줄로 아는데 가지고 나오지 않았다. 참다못해 내가 자리를 박차고 일어나서 부엌에 있던 케이크를 가지고 나오려는데 한 여자 집사님과 딱 부딪쳤다. 그러고는 그 집사님 말에 큰 충격을 받았다.

"목사님, 창피해요!"

그런데 더욱 창피한 것은 그 집사님의 말을 이해하는 데 몇 달이 더 걸린 것이다. 나는 그냥 목사님이 음식을 나르니 창피하다고 하는 줄 알았다. 나는 원래 경영학도다. 치밀한 계획, 그 계획을 이루어 내기 위한 철저한 준비 과정, 그리고 확실한 성공 확률이 있어야 일을 시작하는 사람이다. 그런데 목회를 시작한 후 첫 번째 개척부터 보스턴에서 무작정 시작했던 ReNEW 청년사역, 그리고 지금 다시 한국에서 개척할 때까지 15년의 목회와 사역에서 하나님이 끊임없이 나에게 물어보시는 질문이 있다.

"너 창피하냐? 부끄럽냐? 두렵냐?"

진짜 답은

울타리
밖에 있다

    우리는 이미 세상이 요구하는 문제를 풀기 위해 무엇이 필요한지 너무 잘 알고 있다. 솔직히 빌립처럼 정답도 안다. 그래서 그 문제를 풀려고 달려드는 것 자체가 두려움이다. 적어도 몇 억의 자금이 필요하고, 적어도 몇 명의 스태프와 사람들, 그리고 사람들을 리드하기 위해서는 높은 도덕성도 필요하다. 그래서 나서기가 어렵다. 이것이 지성인들이 감당해야 하는 믿음이다. 교회에서는 보통 믿음만 있으면 다 된다고 한다. 하지만 그래서 세상과 소통이 안 된다. 자기 믿음을 진짜 믿음으로 착각하기도 하고, 자신의 과욕과 과신을 믿음과 혼돈하기도 한다. 그 결과 세상의 조롱거리가 되거나 민폐가 되기도 한다.

    바로 이 지점에서 기독 지성인들의 고민이 있다. 교회 안에서는 믿음만 있어도 될 수 있다. 그러나 천국이 임해야 할 종착지는 교회가 아니라 세상이다. 지성인들이라면, 우리의 믿음이 이 세상의 법, 경제, 그리고 다양한 학문과 어떻게 책임 있게 소통할 수 있는지 고민해야 한다. 이것은 세상의 방식으로 믿음을 이해하기 위함이 아니다. 바로 믿음의 방식으로 세상을 변화시키기 위함이다.

세상과 소통 없이 믿음으로만 도전하는 것은 '자기 믿음'으로 사는 이들로도 이미 충분하다. 물론 하나님도 때론 이러한 순수한(?) 믿음을 받으시고 역사하신다. 그러나 많은 경우에 이 믿음은 세상을 변화시키기에는 분명한 한계가 있다.

세상은 우리에게 200데나리온이 필요하다고 정확히 말한다. 그리고 단지 몇 데나리온도 없는 우리의 현실 또한 적나라하게 지적한다. 지성인의 양심은 그 현실을 그대로 보고 가르치고 인식하는 것이다. 그래서 지성인은 더 굳건한 믿음이 필요하다. 그냥 모르고 믿는 것보다 정확히 알고 믿는 것이 훨씬 더 힘들기 때문이다. 자기 확신으로 믿는 것보다 세상의 현실과 소통한 후에도 도전하는 것은 두려움과 수치심이 따르기 때문이다.

울타리 밖에서 타자 앞에 서다

도대체 안드레는 어떻게 이런 믿음을 얻게 되었을까? 요한이 우리에게 의도적으로 질문하는 것이 있다. '어떻게 안드레는 빌립과 달리 예수님이 일하시도록 그 오병이어를 믿음으로 드릴 수 있었는가?'이다.

바로 아픔의 현장에서 타자 앞에 서 보았기 때문이다. 빌립과 달리, 백성들의 아픔의 현장 가운데로 달려가서 그곳에서 답을 찾으려 했기 때문이다. 그러면 빌립처럼 그 한 명 한 명이 결코 편안하게 셀 수 있는 숫자가 될 수 없다. 그들의 얼굴을 마주하기 때문이다. 백성들의 찢어지는 가난과 아픔을 눈과 귀와 심장으로 체험하기 때문이다. 몇 시간이고 먹을 것을 찾았지만, 사흘 동안 굶은 가난한 백성들에게서 어떤 먹을 것도 찾을 수 없었다. 그럼에도 그들은 예수님을 따라가려고 굶주린 배를 부여잡고 해변을 뛰었다.

안드레가 이 철저한 백성들의 아픔의 현장에서 발견한 것이 있다. 그 백성을 향해 슬퍼하시는 하나님의 아픔이다. 그 하나님의 아픔이 나를 찌르고, 나의 아픔이 되는 순간, 백성들을 먹이는 문제는 더 이상 그들의 문제만이 되지 않는다. 예수님의 문제만도 아니다. 이제 나의 문제가 된 것이다. 그러면 200데나리온이 있느냐 없느냐는 별로 중요하지 않다. 내 아들과 친척이 옆에서 죽어가는데 돈이 있느냐 없느냐는 중요할 수 없다. 보리떡을 먹이든 풀죽을 먹이든 부끄러워할 여유조차 없다. 마음을 온통 사로잡는 단 하나의 사실은 어떻게든 먹여야 한다는 것이다. 그런데 턱없이 부족하다. 애간장이 탄다. 포기할 수는 없다.

그래서 안드레는 예수님께 간다. 그 볼품없는 오병이어를 예수님께 내보이며 이렇게 말한다.

"예수님, 이것이 이 많은 사람에게 얼마나 되겠사옵나이까? 그러나 주님 그렇다고 아무것도 안 하고 기다릴 것입니까? 이것을 가지고 뭐라도 해 봐야 하는 것 아닙니까?"

교회 안에 타자가 없다

우리의 믿음을 세상과 소통하여 믿음으로 세상을 변화시키기 위해 지성인들이 가야 할 곳이 있다. 바로 지금 하나님이 일하시고 있는 이 땅의 아픔과 고통의 현장이다. 그곳에서 타자 앞에 온전히 서 보아야 한다. 그들의 아픔으로 내 울타리의 편안함을 거북하게 만들어야 하는 것이다.

세상의 거대한 아픔과 마주쳤을 때, 우리의 이성과 논리는 그 아픔을 외면하는 속성이 있다. 하지만 그 속에서 우리가 하나님의 아파하시는 취약한 사랑(vulnerable)을 경험하고 그 사랑이 나의 마음을 찌르는 순간, 우리의 모든 이성적 논리는 해체된다. 그렇게 n^2이 우리의 $n-1$을 무너뜨리는 것이다. 바로 그때 세상과 소통되는 믿음의 능력이 우리에게 주어진다. 이 땅을 향한 하나님의 아픔을 느낄 때, 그 아픔은 역설적으로 인간의 가장 연약함인 두려움과 부끄러움을 이기게 하는 능력이 된다.

"얼마나 아파할 수 있느냐가 얼마큼 믿음으로 살 수 있는지를 결정한다."

이 믿음은 우리의 유한성을 극복하고, 무한한 창조적인 답을 찾아내는 놀라운 능력이 있다. 우리의 볼품없는 오병이어로 장정 5천 명을 먹이신 것은 결국 하나님의 무한한 능력에서 나온다. 그런데 그 하나님의 무한한 능력의 통로가 되는 것이 있다. 역설적이지만 우리의 취약성이다. 내가 타자의 아픔 앞에 취약해질 때다. 그때 한계가 명확한, 그래서 두렵고 부끄러울 수밖에 없는 우리의 믿음이 그 경계를 뛰어넘어 무한한 하나님의 능력을 덧입게 된다. 이 세상에 천국을 회복시켰던 위대한 믿음의 선조들은 모두 이렇게 그들의 믿음을 세상에 소통해 냈다.

요즘 세상에서 교회를 향해 밀려오는 위협적인 문제들은 정말 무한하다. 그래서인가? 우리 교회는 이제 n-1의 값을, 그 안정성과 기득권을 지키는 길로만 가려고 한다. 세상에 있는 타자를 섬기자고 하면 주일만이라도 쉬고 싶다는 항변을 듣는다. 큰 교회나 작은 교회나 울타리를 지키는 데, 아니 생존하는 데 사활을 건다. 교회 밖으로는 눈조차 돌릴 여유가 없다.

세월이 흐르다 보면 어느덧 교회가 주는 울타리가 편안한 사람들끼리 모이게 된다. 그렇게 교회 안에 점점 생각이 비슷한 사람들이 많아진다. 비슷한 경제 규모의 사람끼리 모인다. 한국교회의 가장 큰 병폐인 배타성은 여기에 기인한다. 교회 안에 진정한 타자가 없다. 모두가 생각하는 방식으로 각자도 그렇게 생각한다. 그래야 편하다. 관심도 비슷하다. 다른 생각은 용납이 잘 안 된다. (잘못된 사상이나 이단까지 용납하라는 것은 아니다.) 심지어 때로는 이것을 믿음이라고 굳건히 믿는다.

이 세상에 어떻게 하나님 나라를 임하게 할지는 고민조차 하지 않는다. 우리의 울타리만 침범하지 않으면, n-1의 값이 줄어들지만 않으면, 나만 불편하지 않으면, 교회만 편안하면, 세상에서 비상식적인 것이 되건 비도덕적인 것이 되건 별 상관이 없다. 세상은 지금 교회를 이렇게 보고 있지 않을까? 세상의 바리케이드를 무너뜨려야 할 교회가 세상을 향해 가장 큰 바리케이드를 치고 있는 것이다.

다시 타자 앞으로

우리는 이미 충분한 사랑을 받았다. 충분한 사랑으로 채웠는데, 그 사랑이 흘러가지 않으면 마치 고인물이 썩는 것과 같다. 어떻게 다시 이 사랑을 흐르게 할까? 자기의 믿음의 한계에서 스스로 벗어나서 지금도 이 땅을 위해 일하시는 하나님의 무한한 능력을 경험해 볼 수 있을까? 안드레처럼, 이 세상의 고통 받는 타자 앞에 정직히 서 보는 것이다. 사랑은 낮은 곳으로 흐른다. 상대방이 연약할수록, 아플수록, 더 사랑할 수밖에 없다. 솔직히 나보다 잘나고, 돈 많고, 성공한 사람들을 진심으로 사랑하기란 불가능하다.

찾아보면 여러 가지 이유로 아픈 사람들이 우리 주변에는 분명히 있다. 너무 가난해서 겨울에 난방도 없이 지내는 사람도 있고, 가족을 잃고 감당할 수 없는 큰 상실감에 애통해하는 사람도 있다. 그 아픔과 마주해 보는 것이다. 그들의 애통과 아픔이 우리의 마음을 찌를 것이다. 그러면 우리 안에 갇혀 있어 나오지 못했던 사랑의 흐름에 드디어 물꼬가 트인다. 마치 체해서 속이 꽉 막혀 있는데, 바늘로 손가락 끝을 찔러 피가 나오면, 막혀 있던 혈이 트여 순환이 되는 것처럼 말이다. 그렇게 사랑이 자연스럽게 낮은 곳으로 순환하기 시작한다.

그러나 교회는 복지단체가 아니다. 복음의 능력으로 사는 곳이다. 그래서 먼저 우리를 이처럼 사랑하사 독생자를 주신 그 하나님의 얼굴 앞에 마주 서야 한다. 그 앞에서 바울처럼 "날마다 나는 죽노라" 고백해야 한다. 그래서 우리가 세워 놓은 '의의 법' 바로 그 '울타리'를 해체시켜야 한다. 그래야 하나님의 사랑을 제한 없이 흘리는 도구로 사용된다. 내 삶을 통해 하나님의 사랑이 흐르는 것이다. 이것을 하나님이 '의'로 여기신다. 그리고 그렇게 흘러가는 '의'는 세상의 모든 담과 벽을 헐어 내어 그리스도의 나라를 이루어 낸다.

믿음으로 천국을 살아 내기 위해서, 우리는 포도원 주인이 자신의 포도원을 떠나 일용시장에 나갔던 것을 기억해야 한다. 우리도 이제 우리의 울타리에서 벗어나 이 땅의 고통 받는 타자 앞에 서 보아야 한다. 타자의 고통 받는 얼굴 속에서 우리를 먼저 사랑하사 독생자를 주신 그 하나님의 얼굴을 다시 볼 수 있어야 한다. 그 사랑이 우리를 취약하게 할 때만이 우리는 두려움과 부끄러움을 극복하고 믿음으로 오병이어를 드릴 수 있다. 바로 그때 이 땅에 하나님의 무한한 능력이 경험되는 것이다.

사실 믿음으로 교회가 세상에 주어야 하는 것은 돈도 아니고 자선도 아니다. 봉사나 선교보다 더 중요한 것이 있다. 바로 이야기, 놀라운 이야기(amazing story)다. 장발장이 십자가 앞에서 자신을 죽일 때 새 이야기를 써 나간 것처럼. 이제 우리도 지루한 '우리의 이야기'를 넘어선 새로운 '세상 속 이야기'를 써 나가야 한다.

"세상에! 고종의 어의가 몇 날 며칠을 새워 백정을 고쳤대!" "저 교회는 왕손보다 백정을 먼저 장로로 세웠대!" "어떻게 저런

자를 양자로 삼을 수 있어!" "진짜야, 그 일을 한 곳이 이 교회래." "저 교회 목사님이 자기 아들을 교통사고로 죽인 사람의 아들 4년 대학등록비를 다 내줬대!" "그 뉴스 들었어? 이 교회가 교회 기물을 훔친 사람을 위해 전세를 얻어 주었대!" "○○동은 ○○교회 때문에 돈 없어서 병원 못 가는 사람이 없다지?" "아니 동네에 웬 청년들이 이렇게 많아졌어? 장사가 갑자기 잘돼! ○○교회 알지? 그 교회 1층 전체를 가난한 대학생들 기숙사로 무료로 개방했대!" "왜 ○○동 전통시장 상인들이 폐업 직전이었잖아! 그런데 요새는 장사가 잘돼서 난리도 아니래! ○○교회, 전 교인이 일주일에 한두 번씩 그 시장에서 장을 보나 봐!"

이러한 놀라운 이야기들이 우리 교회 주변 이웃의 입에서 흘러나오는 즐거운 상상을 해 본다. 드디어 우리의 믿음이 세상과 소통해 낸 것이다. 믿음으로 세상을 변화시키는 것이다. 아니 천국을 살고 있는 것이다.

이 믿음 더욱 굳세라!